Sydney

Roland Dusik

W0171501

Diese Symbole im Buch verweisen auf den großen Cityplan!

DUMONT

direkt

G' day! – Willkommen!

15 x Sydney direkt erleben

Zu Gast in Sydney

G' day! – Willkommen!
Mein heimliches Wahrzeichen

Da steht er nun schon seit über 100 Jahren auf einem Brunnen aus edlem Carrara-Marmor, Kapitän Arthur Phillip, der erste Gouverneur der Kolonie New South Wales. Stolz, zugleich aber wohl auch etwas nachdenklich betrachtet der ›Vater der weißen Australier‹ sein Werk. Mit bronzenem Stoizismus erträgt er das muntere Treiben zu seinen Füßen – das gesamte Kaleidoskop der kosmopolitischen, weltoffenen, toleranten, energiegeladenen und lebensfrohen Stadt.

Überblick

Der Großraum Sydney hat die Form eines Halbkreises, der im Osten von einem rund 100 km langen Streifen der Pazifikküste, im Norden von der Wildnis des Ku-ring-gai Chase National Park und im Süden von der Botany Bay begrenzt wird. Im Westen erstrecken sich zahlreiche Trabantenorte gut 70 km weit bis zu den Ausläufern der Blue Mountains. Der Port Jackson gliedert den großstädtischen Einzugsbereich in einen nördlichen und einen südlichen Teil, die beide durch die berühmte Harbour Bridge und den Harbour Tunnel verbunden werden. Die meisten für Besucher interessanten Punkte der Stadt liegen im südlichen Teil.

Circular Quay und City

Das Herz der Metropole ist seit jeher der Circular Quay, wo alle Verkehrsstränge zusammenlaufen. Von hier aus fahren Schnellbahnen und Busse, Fähren und Ausflugsschiffe in alle Stadtteile und Hafengebiete. Dieser Verkehrsknotenpunkt, der von einer betongrauen Straßen- und Bahnbrücke überspannt wird, ist unter ästhetischen Aspekten allerdings eher ein städtebaulicher Fauxpas. Trotz des wenig heimeligen Ambientes strömen hier Straßenkünstler, Artisten, Musikanten und Gaukler zusammen, um tagtäglich das größte Open-Air-Theater von Sydney zu inszenieren.

Rund um Circular Quay

Westlich des Circular Quay breitet sich die Altstadt **The Rocks** (▶ C 3/4) aus, östlich davon die ausgedehnte Parklandschaft der **Royal Botanic Gardens** (▶ D/E 4/5). Sydneys bekannteste Sehenswürdigkeit, das **Opera House** (▶ D 3), befindet sich wenige Schritte

Blick auf Sydneys weltberühmte Skyline mit der Oper

östlich des Circular Quay am Bennelong Point. Südlich des zentralen Verkehrsknotenpunkts erhebt sich vieltürmig die imposante Hochhauskulisse der City mit dem **Central Business District** (▶ C 4–7), der sich vom Circular Quay im Norden bis zur Central Railway Station im Süden erstreckt. Die wichtigsten von Norden nach Süden verlaufenden Straßen sind George Street und Macquarie Street, an denen die bedeutendsten Bauwerke aus der kolonialen Vergangenheit stehen. Im Süden der City liegt die **Chinatown** (▶ B 7). Vom Circular Quay verkehren Hafenfähren und Tragflügelboote zum Seebad **Manly** (▶ Karte 3).

Östlich der City

Im Osten des Zentrums befinden sich die für ihr buntes Straßenleben und trubeliges Nachtleben bekannten Stadtteile **Woolloomooloo** (▶ D/E 5/6), **Kings Cross** (▶ E 6), **Darlinghurst** (▶ D 6/7), **Surry Hills** (▶ C/D 8) und **Paddington** (▶ E/F 7/8). Um die Buchten und Arme am Südufer des Port Jackson östlich der City gruppieren sich noble Vororte, die von wohlhabenden Sydneysiders als Wohngegend bevorzugt werden, etwa Potts Point, Elizabeth Bay, Rushcutters Bay, Darling Point, Double Bay, Point Piper, Rose Bay und Vaucluse (▶ E–H 5/6 und Karte 3). Ebenfalls im Osten liegt **Bondi Beach** (▶ Karte 3), Sydneys berühmtester Strandvorort.

Nördlich der City

Manche der am Nordufer des Port Jackson gelegenen Vororte (▶ nördlich C–G1) stehen den vornehmen Eastern Suburbs in puncto Exklusivität in nichts nach. Mosman, Cremorne Point und Kirribilli heißen die noblen Villenviertel an der North Shore, die eine herrliche Wohnlage mit einem Panoramablick über den Hafen auf die City kombinie-

Autofahren in Sydney – nein danke! Wegen des hohen Verkehrsaufkommens und sündhaft teurer Parkplätze sollte man nicht mit dem Mietwagen in die City fahren. Ein Auto benötigt man nur für Ausflüge in die Umgebung. Trotz der riesigen Ausdehnung von Sydney kann man den touristisch interessanten Kern der Innenstadt zu Fuß erkunden. Mittelpunkt der City und idealer Startpunkt für den Rundgang ist der Circular Quay. Längere Wegabschnitte kann man bequem mit öffentlichen Verkehrsmitteln oder einem der beiden **Touristenbusse** Sydney Explorer und Bondi and Bay Explorer überbrücken.

ren. Das etwas steril wirkende North Sydney wird geprägt von Bürohochhäusern, zwischen denen sich einige historische Gebäude verlieren.

Westlich der City

Der südwestlich an die City angrenzende Stadtteil **Darling Harbour** (▶ B 6) ist eine Mischung aus Freizeitpark, Einkaufszone und Kulturzentrum. Vor Lebenslust sprühen die sich weiter westlich anschließenden Vororte Glebe, Leichhardt und Newtown (▶ Karte 3). Fast kleinstädtisch wirkt der nordwestlich der City gelegene Stadtteil Balmain (▶ A 3/4), der den Ruf eines Künstlerviertels hat.

Kingsford Smith Airport

Die meisten Besucher kommen in Sydneys internationalem Kingsford Smith Airport an, einem der wichtigsten Eingangstore nach Australien, 9 km südlich der Metropole. Ein Flughafenbus (Airport Express) und ein Zug (Airport Link) sorgen für eine gute Verkehrsanbindung an die City.

Supermodel unter den Weltstädten

Sydneys traumhafte Lage an verästelten Buchten des Pazifischen Ozeans und auf grünen Hügeln sucht rund um den Globus ihresgleichen. Weltweit kann kaum eine andere Großstadt mit so vielen Stränden und Parks im Stadtgebiet aufwarten wie Sydney. Dazu kommt ein das ganze Jahr hindurch sonniges und warmes Klima. Kein Wunder, dass hier ein freizeitorientiertes Leben zelebriert wird und dass sich Sydney nicht nur als geschäftige Metropole, Handels- und Finanzzentrum, sondern auch als Erholungsort präsentiert – eine Stadt, die vor Lebendigkeit und Lebenslust nur so sprüht. Die meisten Globetrotter sind sich einig: Sydney ist eine der schönsten Metropolen der Welt.

Eine Stadt erwacht

Die Morgenluft ist frisch, der Himmel noch nachtschwarz, zeigt aber bereits eine Nuance von Blau und Grau, die den Tag ankündigt. Nebelschwaden hängen in der kühn geschwungenen Dachkonstruktion des Sydney Opera House, das sich wie ein Geisterschiff am Port Jackson, Sydneys grandiosem Naturhafen, erhebt.

So elegant, so schwerelos wirkt der Bau, dass man sich nicht wundern würde, flöge er mit seinen segelförmigen Dächern einfach davon. Eine leichte Brise zerreißt den Morgendunst und die ersten Sonnenstrahlen bringen dieses wohl berühmteste Bauwerk des Fünften Kontinents zum Gleißen. Als sei der Vorhang gelüftet worden, ertönt der Chor zahlreicher Nebelhörner in verschiedenen Tonlagen wie ein Applaus.

Umgangsformen

Die meisten Sydneysiders befolgen ganz konsequent den australischen Imperativ zur erfolgreichen Bewältigung von Alltagsproblemen, der da lautet »No worries!« – kein Problem! Auch diese häufig zu vernehmende Redewendung sagt viel aus über die ungezwungene und unbeschwerte Lebenseinstellung, die man in Sydney pflegt. Touristen tun gut daran, diese gängige Redensart zu beherzigen und möglichst oft zu gebrauchen.

Kontaktfreudig und umgänglich, gastfreundlich und hilfsbereit empfangen die Aussies Touristen fast überall mit offenen Armen. »How are you today?« lautet dabei die Standardbegrüßung. Auf diese rein rhetorische Frage wird jedoch als Antwort ein schlichtes »Thank you, fine!« erwartet. Keinesfalls sollte man von persönlichen Problemen berichten oder gar »schlecht« sagen.

Die meisten Australier sind – ungeachtet ihres sozialen Status – ausgesprochen *easy going* und kultivieren ein Lebensgefühl, das gern als *informality*, als Ungezwungenheit apostrophiert wird. Auf Etikette achten sie gewöhnlich nur in vornehmem Ambiente oder bei speziellen Anlässen. Wenn sie nicht gerade Banker oder Manager sind, sehen die Aussies eigentlich fast immer so aus, als gingen sie gerade zum Surfen oder Joggen. Ebenso informell sind die Australier bei Gesprächen. Typisch ist der lockere Umgangston, den sie häufig gegenüber Fremden pflegen. So redet man sich schon nach dem ersten Händedruck mit dem Vornamen an. Ohne große diplomatische Schnörkel kommen Aussies rasch und unverblümt zur Sache. Absolut verpönt sind jedoch Fragen mit ›inquisitorischem‹ Charakter, zumal wenn sie allzu sehr auf den persönlichen Bereich abzielen.

»Take it easy« – ein liebenswertes Lebensmotto

Beäugt von neugierigen Kakadus und Lorikeets, tauchen schon bald die ersten Jogger auf. Sie schweben leichtfüßig durch die ausgedehnte Parklandschaft der Royal Botanic Gardens, traben entlang der Uferpromenade auf der, wie Kenner schwören, schönsten Trimm-Trab-Strecke der Welt am Opera House vorbei zum Circular Quay. Dort sind bereits die ersten Hafenfähren aus den zahlreichen an den Buchten des Port Jackson gelegenen Vororten Sydneys eingelaufen.

Sonnengebräunte Büroangestellte in dunklen Anzügen, Handwerker in Shorts und Singlets, dem ›klassischen‹ Aussie-Outfit der einfachen Arbeiter, elegante Frauen in Designerkleidung, Touristen im Freizeitdress, Menschen mit Aktentaschen unter dem Arm oder Rucksäcken auf dem Rücken – sie alle strömen von den Personenfähren in Richtung City. Besucher von der nördlichen Halbkugel überrascht die gelassene Atmosphäre und die entspannte Einstellung der Pendler. Kaum jemand macht ein mürrisches Gesicht, niemand drängt oder schiebt – die Sydneysiders starten gut gelaunt und entspannt in den neuen Tag.

Ohne viel Umschweife kommt der Besucher mit ihnen ins Gespräch, freundlichen, weltoffenen, hilfsbereiten Menschen, die das Leben leicht und sich selbst nicht so ernst nehmen. Und zum Abschied ein freundschaftlicher Klaps auf die Schulter oder ein heiteres »Take it easy«, das die Leute hier anstelle von »Auf Wiedersehen« sagen. »Take it easy« – das ist die Philosophie dieser

Lebensfreude und Weltoffenheit zeichnen die Bewohner Sydneys aus

Stadt, das hört man den ganzen Tag, vom Sandwichverkäufer, vom Taxifahrer, von der Angestellten im Reisebüro.

Viel Sonne, wenig Schatten

Sydneysiders – so bezeichnen sich voller Selbstbewusstsein und in offenem Bekenntnis zu ihrer hedonistischen Lebensweise die Bewohner Sydneys am liebsten selbst. Das klingt nach »sunny side of life«, nach der Sonnenseite des Lebens. Und das kann man auch wörtlich nehmen. Hier addieren sich die jährlichen Sonnenscheinstunden zu Zahlen, die für mitteleuropäische Verhältnisse geradezu paradiesisch wirken.

Es liegt auf der Hand, dass die Bewohner einer Stadt, in der an 300 Tagen im Jahr die Sonne scheint und wo das Meer vor der Haustür liegt, entspannter und lässiger sind als etwa die Menschen in Recklinghausen oder Paderborn. Wenn das nahegelegene Meer zum Schwimmen und Surfen lockt, fällt zwar vielen das Arbeiten schwer, das Leben gestaltet sich aber dafür umso leichter.

In kaum einer anderen Weltmetropole ist das Freizeit- und Wochenendbewusstsein so ausgeprägt wie in Sydney. Kaum jemand kommt auf die Idee, am Samstag oder Sonntag noch einmal ins Büro zu fahren: Spätestens am Freitagnachmittag entvölkern sich die Straßen.

Stadtkultur und Urnatur

Schon von Natur aus hat Australiens heimliche Hauptstadt alles, was eine Metropole braucht, um auf die Hitliste der Weltstädte mit der größten Lebensqualität zu gelangen. Es gibt wohl kaum einen anderen Ort auf der Welt, an dem es sich großstädtischer und zugleich naturverbundener leben lässt als in Sydney, wo urbane Geschäftigkeit und hoher Freizeitwert eine glückliche Verbindung eingegangen sind. Naturreservate mit ursprünglichem Buschland reichen bis an Sydneys Randgebiete. Dort hopsen Kängurus zwischen Eukalyptusbäumen und Opossums tollen auf den Dächern von Picknickhütten. Ein weiteres Plus der Stadt sind die ausgedehnten Parks, üppigen Gartenanlagen und begrünten Straßenzüge, die man selbst im Zentrum findet.

Rund um den Globus hat kaum eine andere Metropole so viele Strände im Stadtgebiet wie Sydney: An drei Dutzend feinen, goldgelben Sandstränden innerhalb einer 350 km langen Küstenlinie können die Sydneysiders ihren ein Dreivierteljahr währenden Sommer ausgiebig genießen. Alle Strände sind mit Fähren, Bussen und Bahnen oder einem eigenen Vehikel leicht zu erreichen.

»Slip! Slop! Slap!«

Obwohl die Freude am Strandleben und an Freizeitaktivitäten unter freiem Himmel ungebrochen ist, sind doch immer mehr Australier der Überzeugung, Vorsicht sei besser als Hautkrebs.

»Slip! Slop! Slap!« – dieser Slogan fasst zusammen, wie man am besten einem Hautkrebs fördernden Sonnenbrand vorbeugen kann: Zieh dir ein T-Shirt an! (»Slip on a shirt!«). Crem dich ein! (»Slop on sunscreen!«). Trag einen Hut! (»Slap on a hat!«). Nicht vergessen sollte man zudem eine Sonnenbrille mit ausreichendem UV-Schutz!

Viele Aussies meiden das grelle Sonnenlicht in der kritischen Zeit zwischen 11 und 15 Uhr und beherzigen die während der Sommermonate täglich im Rundfunk verbreitete *burntime*, die kurze Zeit, die man sich ohne Sonnenbrandrisiko den gefährlichen ultravioletten Sonnenstrahlen aussetzen darf.

Traumhafte Lage

Der britische Schriftsteller Anthony Trollope, der Sydney Mitte des 19. Jh. besuchte, fand den verästelten Port Jackson, wie Sydneys herrlicher Naturhafen seit den Tagen von James Cook genannt wird, »unaussprechlich reizend« und wollte ihn »so lange betrachten, wie man etwas nur betrachten kann«. Port Jackson ist zwar ›nur‹ 27 km lang, bringt es aber aufgrund seiner zahlreichen Nebenbuchten und Seitenarme auf eine Uferlänge von insgesamt rund 250 km, ein Küstenlabyrinth, das selbst viele Einheimische verwirrt.

Die Sydneysiders sind stolz auf diesen Bilderbuchhafen, den schon Captain Arthur Phillip, Kommandeur der Ersten Flotte, als den schönsten der Welt bezeichnete. Noch heute werden Besucher wie Einheimische der Schönheit dieses natürlichen Hafens, den Landzungen vor der wilden Brandung des Pazifiks schützen, nicht müde. Glitzernd blau unter einer Sonne, die warm ist wie an Kaliforniens Küsten, streckt die See, getupft mit weißen Segeln, ihre Arme aus, in malerische Buchten mit verheißungsvollen Namen wie Lavender Bay, Rushcutters Bay oder Shell Cove. Zu der spektakulären Wasserlandschaft gehören sieben verwunschene Felseninseln.

Hier, wo heute Beschaulichkeit herrscht, wo Segelboote dümpeln, ab und an eine Hafenfähre eine weiße Furche ins azurne Wasser zieht, hier mitten im Herzen der Stadt wurden im Jahr 2000 vor einer Traumkulisse die olympischen Segelwettbewerbe ausgetragen. Den besten Eindruck von Sydneys Waterfront bekommt man bei einer Hafenrundfahrt. Ganz gleich, ob man sich für einen Ausflugsdampfer oder eine der behäbigen öffentlichen Hafenfähren entscheidet, die am Circular Quay in der City ablegen – so oder so erlebt man auf diese Weise eine der schönsten klei-

Daten und Fakten

Lage: Sydney liegt im Südosten Australiens; die Stadt erstreckt sich vom Pazifischen Ozean bis zu den Ausläufern der Great Dividing Range.
Fläche: Australien gesamt 7 682 300 km², Sydney ca. 7500 km².
Bevölkerung: Australien hat rund 21 Mio. Einwohner. Sydney ist mit 4,4 Mio. Einwohnern die größte Stadt des Landes, Hauptstadt ist das zwischen Sydney und Melbourne gelegene Canberra. Das Bevölkerungswachstum beträgt 1,4 %, die durchschnittliche Lebenserwartung etwa 80 Jahre.
Verwaltung: Das Commonwealth of Australia ist eine parlamentarisch-demokratische Monarchie. Nominelles Staatsoberhaupt ist die britische Monarchin. Die gesetzgebende Gewalt liegt beim Bundesparlament mit Sitz in Canberra. Die einzelnen Gliedstaaten der Föderation besitzen eigene Verfassungen und unabhängige Staatsparlamente.
Wirtschaft: Australien ist ein rohstoffreiches Industrieland mit einem modernen Agrar- und Bergbausektor. Ein bedeutender Devisenbringer ist der Tourismus mit rund 5 Mio. Gästen pro Jahr. Seit den 1990er-Jahren verzeichnet die australische Ökonomie ungebrochenes Wachstum. Aufgrund des Arbeitskräftemangels im Lande startete die australische Regierung im August 2005 in verschiedenen europäischen und asiatischen Ländern eine große Werbeaktion für Jobs in Australien.
Zeit: MEZ plus neun Stunden. Während der europäischen Sommerzeit verringert sich diese Differenz um eine Stunde.

Das Eingangstor zu Chinatown – Symbol der multikulturellen Prägung Sydneys

nen Schiffsreisen der Welt – in einer großartigen Stadt, in der sich (fast) alles ums Wasser dreht.

Sydney heute

Kaum mehr als zwei Jahrhunderte dauerte Sydneys atemberaubender Aufstieg von einer armseligen Sträflingskolonie, in die das englische Mutterland einst die Insassen seiner überquellenden Gefängnisse deportierte, zu einer der schönsten und vitalsten Metropolen der Erde. Bis auf die üblichen Sorgenkinder einer Großstadt sind die Sydneysiders heute rechtschaffene Bürger. Aber ein Sträfling in der Ahnengalerie – woanders ein Makel, den man lieber verschweigt – gilt hier als eine Auszeichnung.

Früher stand Sydney im Schatten des konservativ-viktorianischen Melbourne, der großen Rivalin im Süden, die lange als wirtschaftlicher und kultureller Mittelpunkt des Kontinents galt. Aber in den 1960er-Jahren erwachte die Stadt am Port Jackson aus ihrem Dornröschenschlaf. Sydney zog Musiker und Maler, Designer und Filmemacher, aber auch innovative Manager und Banker an. Die Melbournians begannen, die Sydneysiders argwöhnisch als Emporkömmlinge zu betrachten, die mit Riesenschritten vorangingen.

Heute ist Sydney unbestritten das ökonomische Powerhouse nicht nur Australiens, sondern des gesamten südwestlichen Pazifiks. Durch den Zustrom von Künstlern jeglicher Couleur hat sich hier zudem ein im ›Pionierland‹ Australien kaum vermutetes Kulturangebot entwickelt. Dazu gehören neben den Vorstellungen im Opera House auch die Aufführungen der Theaterbühnen und die Vernissagen der Galerien, die in den letzten Jahren in Vororten wie Balmain, Glebe, Darlinghurst und Paddington aus dem Boden geschossen sind.

Multikulti down under

Dass Sydney heute schillert wie die Palette eines Malers, verdankt es nicht zuletzt seinem kunterbunten Völkergemisch. Als Australien nach dem Zweiten Weltkrieg begann, seine Tore für Einwanderer zu öffnen, strömten zunächst Süd- und Osteuropäer, später, in den 1960er-/70er-Jahren, Immigranten aus Asien und von den pazifischen Inseln ins Land. Heute spricht in Sydney jeder vierte der 4,4 Mio. Einwohner sein Englisch mit einem fremdländischen Akzent.

Es gibt kaum ein Volk der Erde, das im Gefüge der nach New York zweitgrößten multikulturellen Stadt der Welt nicht Platz und Stimme hätte und seinen kulturellen Beitrag leistete. Beinahe jeder Teilnehmer der Olympischen Sommerspiele im Jahr 2000 konnte sich in Sydney seiner speziellen Fans sicher sein. Der in Sydney gelebte Multikulturalismus ist ein wegweisendes Beispiel dafür, dass friedliches Zusammenleben unterschiedlichster Kulturen möglich ist.

Sydneys multikulturelle Prägung drückt sich in vielerlei Facetten aus, etwa in einem Mega-Angebot an Spezialitätenrestaurants, in denen man kulinarische Streifzüge durch fast alle Länder der Welt machen kann. Die verschiedenen Nationalitäten der Stadt scheinen geradezu miteinander zu wetteifern, was die Eröffnung von Restaurants betrifft. Allen britischen Traditionen zum Trotz findet sich hier in beinahe enzyklopädischer Vollständigkeit die Weltkarte der regionalen Küchen – von Äthiopien bis Zypern sind alle vertreten.

Heimliche Hauptstadt

So präsentiert sich das vor Lebendigkeit sprühende Sydney mit seinem kosmopolitischen Flair als ein Synonym für Toleranz und Freiheit, Abenteuer und Engagement, als eine Stadt von betörender Schönheit, in der eine atembe- raubende Natur mit einer faszinierenden modernen Architektur und einer sorgsam konservierten Historie eine einzigartige Mischung eingegangen ist. Sydney, eine Stadt, wie man sie entwerfen würde, wenn man einmal dürfte – eine Stadt, die (sehn-)süchtig macht. Wen wundert es da noch, dass die meisten Sydneysiders für Canberra nur ein Naserümpfen übrighaben und Sydney als die eigentliche Hauptstadt Australiens betrachten?

Wappen und Wahrzeichen

Mit der Einführung eines neuen Stadtwappens im Jahre 1996 wollte man neben der weißen Besiedlungsgeschichte auch die Kultur der Aborigines zum Ausdruck bringen. Während Krone und Anker die Verbindung von Stadt und Hafen symbolisieren, wird mit der Schlange auf die mythologische Schöpfungsgeschichte der Eora-Aborigines verwiesen, der zufolge eine Schlange die Küstengebiete rund um Sydney erschuf. Diese Schlange ist auf dem Wappen mit einem Schiffstau als Symbol der europäischen Besiedlungsgeschichte verschlungen – ein Ausdruck der Hoffnung, dass die verschiedenen Kulturen in Eintracht miteinander leben.

Das Stadtwappen von Sydney

Frühgeschichte

Bevor die weiße Besiedlungsgeschichte vor rund 220 Jahren begann, gehörte Australien allein den Aborigines, die aller Wahrscheinlichkeit nach einst aus Südostasien über eine Inselkette auf den Fünften Kontinent gekommen waren. Ungefähr 50 000 Jahre lang streiften die Ureinwohner ohne Kontakt zur Außenwelt als Jäger und Sammler durch die Weiten des Kontinents.

Die Weißen kommen

Aus ihrer Isolation wurden die Aborigines gerissen, als am 28. April 1770 der englische Weltumsegler James Cook in der heute zu Sydney gehörenden Botany Bay landete und wenig später den von ihm entdeckten östlichen Teil des Kontinents, den er New South Wales nannte, für die britische Krone reklamierte.

Unter dem Kommando von Captain Arthur Phillip erreichte am 18. Januar 1788 die Erste Flotte mit rund 1000 Siedlern, überwiegend Strafdeportierten, die Botany Bay, die sich für eine Besiedlung jedoch als ungeeignet erwies. Etwas weiter nördlich machte Phillip ein besseres Gebiet aus. Mit dem Hissen des Union Jacks und einigen Böllerschüssen gründete er am Naturhafen Port Jackson am 26. Januar 1788 die erste englische Niederlassung auf dem Fünften Kontinent, den Nukleus des späteren Sydney. Die Siedlung wuchs beständig, doch dieses Wachstum leitete eines der traurigsten Kapitel der europäischen Kolonialgeschichte ein: Die Eingeborenen wurden vertrieben, gejagt, erschossen, wo immer sie weißen Siedlern im Wege standen.

Die Wiege der Nation

Nach schwierigen Anfängen, in denen der koloniale Außenposten Großbritanniens oft gefährdet war, verwandelte Gouverneur Lachlan Macquarie Sydney von einem verlotterten Halunkennest in eine respektable Stadt. Der energische Schotte ließ während seiner zwölfjährigen Amtsperiode nicht nur das Parlamentsgebäude bauen, sondern auch Kasernen und Krankenhäuser, Schulen und Kirchen. Unentbehrliche Dienste leistete ihm dabei Francis Greenway, ein wegen Urkundenfälschung verurteilter Architekt. Die von ihm errichteten Bauwerke, etwa die St. James Church und die Hyde Park Barracks, gehören heute zu den historischen Sehenswürdigkeiten der Stadt. Gesichert war Sydneys Entwicklung erst, als 1813 die Forscher Blaxland, Wentworth und Lawson einen Weg durch die bis dahin als unpassierbar geltende Bergbarriere der Blue Mountains fanden und dadurch fruchtbares Weideland an der Westseite des Gebirges erschlossen werden konnte.

Sydney wird Großstadt

Bis 1840 wurden Sträflinge nach Sydney deportiert. Nach und nach kamen immer mehr Siedler aus freien Stücken auf den fernen Kontinent. Bereits 1841 konnte man eine Einwohnerzahl von 30 000 verzeichnen. Die freien Siedler legten die Grundlagen für eine solide Agrarwirtschaft und rasch wuchs Sydney zu einem prosperierenden Exporthafen für Weizen und Wolle. Zwischen 1850 und 1890 stieg die Bevölkerungszahl – hauptsächlich infolge des Goldrausches in Bathurst westlich der Blue Mountains – von 60 000 auf 400 000 an.

Am 1. Januar 1901 proklamierte man in Sydney das Commonwealth of Australia, das die sechs australischen Kolonien zu einer unabhängigen Nation vereinte. Wegen der Rivalität zwischen Sydney und Melbourne wurde 1908 das noch zu bauende Canberra zur Hauptstadt Australiens bestimmt. Während des Ersten Weltkriegs überschritt Sydney die Millionengrenze, erreichte den Rang der größten Stadt Australiens aber erst nach 1945, als im Rahmen des umfassenden Einwanderungsprogramms *Populate or Perish* Millionen Neubürger ins Land strömten.

Sydney auf dem Weg ins 21. Jahrhundert

Obwohl Einwanderer aus aller Welt für multikulturelle Farbtupfern und eine heitere kosmopolitische Atmosphäre sorgen, entwickelte sich Sydney nicht zu einem Schmelztiegel; vielmehr haben es die einzelnen ethnischen Gruppen verstanden, ihre kulturelle Eigenständigkeit zu bewahren.

Fremdlinge bleiben trotz mancher Integrationsversuche die Ureinwohner, deren Kultur von Außenstehenden lange Zeit ignoriert oder missverstanden wurde. Begleitet von Protesten zahlreicher Aborigines feierten im Januar 1988 mehr als 2,5 Mio. Australier im Hafen von Sydney den 200. Jahrestag der Ankunft der Ersten Flotte. Erst zehn Jahre später wurde zum ersten Mal der »National Sorry Day« begangen, der an das den Ureinwohnern zugefügte Leid erinnern soll.

Ein wichtiges Zeichen im Versöhnungsprozess zwischen schwarzen und weißen Australiern setzte die Eröffnungsfeier der XXVII. Olympischen Sommerspiele in Sydney am 15. September 2000, die viele als eine Geste der Entschuldigung der Weißen an die Aborigines empfanden: Die Aboriginal-Athletin Cathy Freeman, die später Gold im Lauf über 400 m gewann, entzündete das Olympische Feuer.

Mit Genugtuung reagierten die Aborigines auch auf die »Sorry«-Rede, in welcher der neue Premierminister Kevin Rudd von der Labor Party am 13. Februar 2008 die Ureinwohner offiziell um Entschuldigung bat.

Versöhnlicher Moment: die Aboriginal-Athletin Cathy Freeman entzündet die Flamme der Olympischen Spiele 2000 in Sydney

Anreise

... mit dem Flugzeug

Australien wird von rund 30 internationalen Fluggesellschaften bedient. Die meistfrequentierte Route von Europa nach Australien führt über Südostasien (Ostroute). Die reine Flugzeit von Frankfurt nach Sydney beträgt rund 20 Stunden plus Zwischenstopp. Bei vielen Fluglinien kann man beim Hin- und/oder Rückflug seine Reise, meist ohne Aufpreis, mit einem Stopover in einer asiatischen Metropole um eine fernöstliche Impression ergänzen.

Eine attraktive, allerdings teurere Alternative ist der etwas längere Flug auf der Westroute über Nordamerika. Diese Route bedienen u. a. Air New Zealand, Air Canada und United Airlines.

Die Tarife für Flüge unterliegen erheblichen saisonalen Schwankungen. Hochsaison ist von Oktober bis Mitte April, Nebensaison von Ende April bis Juni und Zwischensaison von Juli bis September.

Kingsford Smith Airport: Sydneys internationaler Flughafen liegt 9 km südlich der City.

Information: Tel. 96 69 51 11, www.sydneyairport.com.au.

Terminals: In der Ankunftshalle gibt es Wechselstuben, eine Touristeninformation und Schalter zum Buchen von Hotelzimmern und Mietwagen.

Transfer in die City: Auf mehreren Zubringerlinien pendelt der grün-gelbe **Airport Express** zwischen dem Flughafen und verschiedenen Stadtteilen (Airport Express, Tel. 13 15 00, 5–24 Uhr alle 20–30 Min., Fahrzeit ca. 40–50 Min., 13,50 A-$, Kinder 7,50 A-$).

Schneller geht es mit dem **Zug** zur Central Railway Station (Airport Link, Tel. 83 37 84 17, www.airportlink.com.au, 5–24 Uhr alle 15–20 Min., Fahrzeit 10–20 Min., 15 A-$, Kinder 10 A-$). Für ein **Taxi** zahlt man 35–40 A-$.

Hinweis: Beim Travellers Information Service in der Ankunftshalle ist der **SydneyPass** (s. S. 24) erhältlich, der auch die Benutzung des Airport Express beinhaltet.

... mit Bus und Bahn

Busreisende kommen am **Sydney Coach Terminal** (s. S. 25) an, Bahnreisende in der **Central Railway Station** (s. S. 25).

... mit dem Auto

Wegen des sehr hohen Verkehrsaufkommens in der Metropole sollten Besucher, die eine Autoreise durch Australien planen, es so einrichten, dass sie einen Mietwagen außerhalb Sydneys entgegennehmen bzw. zurückgeben.

Einreisebestimmungen

Ausweispapiere: Für die Einreise nach Australien benötigen Besucher aus Deutschland, Österreich und der Schweiz einen noch mindestens drei Monate gültigen Reisepass sowie ein Touristenvisum, das zur mehrmaligen Einreise innerhalb eines Jahres für jeweils maximal drei Monate berechtigt. Australien erkennt zwar deutsche Kinderausweise sowie auch die Eintragung von Kindern in den elterlichen Reisepass an, dennoch empfiehlt sich ein eigener Reisepass, vor allem wenn man einen Zwischenaufenthalt in einem asiatischen Land plant.

Visum: Mittlerweile wird das Visum, das sog. eVisitor, elektronisch erstellt und kann über die meisten Reisebüros und Australien-Reiseveranstalter beantragt werden. Hierfür werden nur noch die Passnummer und einige persönliche Angaben benötigt. Elektronisch beantragen kann man sein Visum auch auf der Website der australischen Einwanderungsbehörde (www.eta.immi.gov.au); die Kosten in Höhe von 20 A-$ werden von der Kreditkarte abgebucht. Das Online-Visum sollte spätestens zwei Wochen vor der Abreise beantragt werden.

Wer sich länger als drei Monate in Australien aufhalten möchte, muss ein normales Visum bei der australischen Botschaft in Berlin oder Wien beantragen. Formulare hierfür können von der Website der australischen Botschaft heruntergeladen werden. Deutsche und Schweizer reichen den Antrag bei der australischen Botschaft in Berlin ein, Österreicher bei der australischen Botschaft in Wien. Die Bearbeitungszeit beträgt ca. 3–4 Wochen. Infos: www.australian-embassy/visa.de.

Ein- und Ausfuhr: Zollfrei einführen dürfen Reisende ab 18 Jahren neben Gegenständen des persönlichen Bedarfs 250 Zigaretten oder 250 g Tabak sowie 2,25 l Spirituosen. Devisenbeschränkungen bestehen nicht. Allerdings müssen Beträge über 10 000 A-$ in australischer oder anderer Währung bei der Ein- und Ausreise deklariert werden.

Quarantäne: Um Krankheiten wie Maul- und Klauenseuche oder Tollwut fernzuhalten, hat man strenge Quarantänebestimmungen sowie Einfuhrrestriktionen für Lebensmittel, Pflanzen und Tiere erlassen. So ist es verboten, frische wie abgepackte Lebensmittel (außer Brot oder Keksen), Gemüse, Früchte und Samen einzuführen. Bei Verstößen drohen hohe Geldstrafen. Infos: www.customs.gov.au.

Diplomatische Vertretungen

... in Europa

Australische Botschaft in Deutschland: Wallstr. 76–79, 10179 Berlin, Tel. 030 88 00 88-0, www.australianembassy.de, Mo–Do 13–17, Fr 13–16 Uhr.
Visa-Informationsdienst: Tel. 030 700 12 91 29

Australische Botschaft in Österreich: Mattiellistr. 2–4, 1040 Wien, Tel. 01 50 67 40, www.australianembassy.at, Mo–Fr 9–12.30, 14–16 Uhr.

Australisches Generalkonsulat in der Schweiz: 2 Chemins des Fins, Grand Saconner, 1211 Genf 19, Tel. 022 799 91 00, www.geneva.mission.gov.au. Keine Visa erhältlich – hierfür ist die australische Botschaft in Berlin zuständig

... in Australien

Botschaft der Bundesrepublik Deutschland: 119 Empire Circuit, Yarralumla, Canberra, Tel. 02 62 70 19 11, www.canberra.diplo.de, Mo–Fr 9–12, Mi zusätzlich 14–15 Uhr.

Deutsches Generalkonsulat: 13 Trelawney St., Woollahra, Sydney, Tel. 02 93 28 77 33, www.sydney.diplo.de, Mo–Fr 9–12 Uhr.

Österreichische Botschaft: 12 Talbot St., Forrest, Canberra, Tel. 02 62 95 15 33, www.bmeia.gv.at/canberra, Mo–Fr 8.30–13, 14–16.30 Uhr.

Schweizer Botschaft: 7 Melbourne Ave., Forrest, Canberra, Tel. 02 61 62 84 00, www.eda.admin.ch/australia, Mo–Do 9–12, 14–16, Fr 9–11.30 Uhr.

Schweizer Generalkonsulat: 101 Grafton St./Ecke Grosvenor St., Bondi Junction, Sydney, Tel. 02 83 83 40 00, syd.vertretung@eda.admin.ch, Mo–Fr 9–13 Uhr.

Feiertage

Fällt ein Staatsfeiertag auf einen Sonntag, ist der darauffolgende Montag arbeitsfrei.

1. Jan.: New Year's Day
26. Jan.: Australia Day (Jahrestag der Gründung der ersten europäischen Siedlung auf dem Fünften Kontinent)
Karfreitag
Ostermontag
25. April: Anzac Day (Gedenktag zu Ehren der in den beiden Weltkriegen gefallenen Australier)
26. Mai: National Sorry Day (nichtamtlicher Feiertag zum Gedenken an das den Ureinwohnern zugefügte Leid)
2. Mo im Juni: Queen's Birthday
14. Sept.: National Aboriginal Day
1. Mo im Okt.: Labour Day in New South Wales (Tag der Arbeit)
25. Dez.: Christmas Day
26. Dez.: Boxing Day (zweiter Weihnachtstag, benannt nach den Geschenkkartons *present boxes*)

Feste und Festivals

Januar bis April

Sydney Festival: www.sydneyfestival. org.au. Zweiwöchiges Kulturspektakel im Januar mit vielfältigem Programm. Zahlreiche kostenlose Open-Air-Veranstaltungen wie z. B. »Opera in the Park«.
Chinese New Year: www.sydneychinesenewyear.com.au. An einem Neumondtag zwischen dem 21. Jan. und 19. Feb. feiern die chinesischstämmigen Australier in Chinatown und Cabramatta ihr Neujahrsfest. Höhepunkte sind Drachen- und Löwenparaden sowie ein prächtiges Feuerwerk.
Sydney Gay & Lesbian Mardi Gras: www.mardigras.org.au. Verschiedene Veranstaltungen im Februar, Parade Anfang März. Höhepunkt ist ein kilometerlanger Festzug mit Karnevalswagen über die Oxford Street in Darlinghurst und Paddington.
Surf Carnival: Fast an jedem Wochenende in den Sommermonaten von Nov.–März zeigen braungebrannte Lebensretter(innen) an den Stränden von Sydney ihr Können.
Dragon Boat Races Festival: Farbenprächtige Drachenboot-Regatta in der Cockle Bay von Darling Harbour am 2. oder 3. Wochenende vor Ostern
Royal Easter Show: www.easter show.com.au. Eine Woche vor Karfreitag beginnt die zweiwöchige Landwirtschaftsausstellung auf dem Sydney Showground im Olympiagelände an der Homebush Bay. Zum sportiven Rahmenprogramm gehören u. a. Rodeos und Holzhack-Wettkämpfe.

Juni

Manly Food and Wine Festival: Am ersten Juniwochenende wird an der Strandpromenade von Manly aufgetischt, was Küche und Keller hergeben.
Sydney Film Festival: Mitte Juni, www.sydneyfilmfestival.org. Die neuesten Kinohits, vor allem aber nicht kommerzielle Filme.

August

City to Surf Run: Einmal im Jahr joggen am zweiten Sonntag des Monats 50 000–60 000 ansonsten vernünftige Männer und Frauen 14 km von der William Street zum Bondi Beach. Niemand weiß genau, aus welchem Grund.

September

Festival of the Winds: 2. Sonntag. Farbenfroher Drachenwettkampf am Bondi Beach.
Rugby League Grand Final: 3. Sonntag. Den Kampf um die Meisterschaft verfolgen im Stadion mehr als 80 000 Zuschauer.

Dezember

Sydney to Hobart Yacht Race: 29. Dez.–2. Jan. Spannendste Segelregatta Australiens vom Festland zur Insel Tasmanien. Gute Orte, um das Rennen zu beobachten, sind North Head und South Head an der Öffnung des Port Jackson zum Meer.

New Year's Eve: 31. Dez. Über dem Sydney Harbour wird gegen 20.30 Uhr ein prächtiges Feuerwerk entfacht; überall in der Stadt gibt es Straßenfeste.

Geld

Landeswährung ist der Australische Dollar (A-$), der in 100 Cents (c) unterteilt wird.

Wechselkurs: 1 Euro = 1,44 A-$, 1 SFr = 1,05 A-$, 1 US-$ = 1,09 A-$; 1 A-$ = 0,69 Euro, 1 A-$ = 0,96 SFr, 1 A-$ = 0,91 US-$ (Stand: Aug. 2010).

Banknoten: 5, 10, 20, 50 und 100 A-$

Gängige Münzen: 5, 10, 20 und 50 c sowie 1 und 2 A-$

Kreditkarten: Mit gängigen Kreditkarten (v. a. Visa und MasterCard) und EC-Karten mit dem Maestro- oder Cirrus-Symbol kann man an den meisten Geldautomaten (*automatic teller machines,* ATM) Bargeld ziehen. PIN-Code nicht vergessen! Die wenigsten Gebühren fallen bei Benutzung der EC-Karte an. Sicherheitshalber sollte man einige auf australische Dollars ausgestellte Reiseschecks mitnehmen.

Sperrnummer für Kreditkarten: Tel. 001 49 11 61 16

Gesundheit

Impfungen sind für Reisende aus infektionsfreien Gebieten nicht vorgeschrieben. Da die meisten europäischen Krankenversicherungen nicht für ärztli-

che Behandlungen in Australien aufkommen, sollte man eine Reisekrankenversicherung abschließen inklusive Krankenrücktransport. Infos im Internet: www.fit-for-travel.de.

Apotheken: Die meisten der in Europa gebräuchlichen Medikamente sind in Apotheken *(chemist's)* erhältlich. Für rezeptpflichtige Präparate muss man einen einheimischen Arzt aufsuchen, da australische Apotheken keine ausländischen Rezepte annehmen. Nicht verschreibungspflichtige Medikamente und Verbandsmaterial erhält man in Drugstores.

Ärzte: In Australien stehen hoch qualifizierte Ärzte zur Verfügung. Anschriften von Deutsch sprechenden Ärzten bekommt man von den diplomatischen Vertretungen.

Krankenhäuser: St. Vincent's Public Hospital, Victoria St./Ecke Burton St., Tel. 02 83 82 71 11; Sydney Hospital, Macquarie St., Tel. 02 93 82 71 11.

Informationsquellen

… in Deutschland

Tourism Australia (auch zuständig für Österreich und die Schweiz): Neue Mainzer Str. 22, 60311 Frankfurt/Main, Das Verkehrsamt ist am besten über seine Homepage zu erreichen: www. australia.com.

Tourism New South Wales: Sonnenstr. 9, 80331 München, Tel. 089 23 66 21 61.

… in Sydney

Sydney Visitor Centre: c/o The Rocks Centre, Argyle St./Ecke Playfair St., The Rocks; Filiale in Darling Harbour (neben LG IMAX Cinema), Tel. 18 00 06 76 76 u. 02 92 40 87 88, www.sydneyvisitor centre.com.au, tgl. 9.30–17.30 Uhr.

Travellers Information Service: Kingsford Smith Airport, Tel. 02 96 67

Reiseinfos von A bis Z

60 50, tgl. 6–23 Uhr. Hotelbuchung zu Standby-Tarifen und Verkauf des SydneyPasses (s. S. 24).

Im Internet
Länderkennung Australien: .au

www.australia.com: Website des Australischen Fremdenverkehrsamtes mit allem Wissenswerten für eine Australienreise und vielen Links.
www.sydneyaustralia.com: Nützliche Informationen zu Sehenswürdigkeiten, Tipps zu Hotels, Essen und Trinken sowie u. a. Veranstaltungshinweise und Adressen lokaler Reiseagenturen.
www.visitnsw.com.au: Allgemeine touristische Informationen zu New South Wales, Tipps zu Ausflügen in der Umgebung von Sydney.
www.australian-embassy.de: Webseite der australischen Botschaft in Berlin mit Basisinformationen, aktuellen Reisehinweisen etc.
www.auswaertiges-amt.de: Webseite des Auswärtigen Amtes mit Basisinformationen, Sicherheitshinweisen, Visa- und Einreisebestimmungen.
www.australien-info.de: Breites und aktuelles Informationsangebot, v. a. Tipps zu Unterkünften, Restaurants, Nightlife und Urlaubsaktivitäten.
www.reisebine.de: Aktuelle Reisetipps, Hintergrund- und Insider-Infos, Literaturhinweise und Erfahrungsberichte.
www.sydneymorningherald.com.au: Website der bedeutenden Tageszeitung mit aktuellen Artikeln.
Weitere Infos zu Hotels, Restaurants, Shopping, Veranstaltungen etc.:
www.tourism.nsw.gov.au
www.discoversydney.com.au
www.cityofsydney.nsw.gov.au
www.visitsydney.org
www.sydneycitysearch.com.au
www.sydneyvisitorcentre.com.au
www.bestrestaurants.com.au

Kinder

Großstadt mit Kindern? In der »Fun City« wird es auch Kids kaum langweilig. Spaß für Kinder versprechen Erlebnis- und Freizeitparks oder die Begegnungen mit Kängurus, Koalas und Co. in einem der Zoos. Das größte Problem für Kinder ist zweifellos die lange Reisedauer, weshalb man überlegen sollte, den Hin- und Rückflug in Form eines kurzen Badeurlaubs in Thailand, Malaysia oder Bali zu ›entschärfen‹.

Attraktionen für Kinder
Fairfield City Farm (▶ Karte 3): 31 Darling St., Abbotsbury (30 km südwestl.), Tel. 02 98 23 32 22, www.cityfarm.com.au, Bahn/Bus: CityRail (gelbe Linie) ab Circular Quay bis Fairfield, dann Bus oder Taxi, tgl. 9–16.30 Uhr, 16 A-$, Kinder 10 A-$, Familie 45 A-$. Hier gewinnt man einen guten Eindruck vom australischen Landleben: Schafschurvorführungen, Peitschenknallen, Lassoschwingen und Hütehunde im Einsatz.
Featherdale Wildlife Park (▶ Karte 3): 217–229 Kildare Rd., Doonside (35 km westl.), Tel. 02 96 22 16 44, www.featherdale.com.au, Bahn/Bus: CityRail (gelbe Linie) ab Circular Quay bis Blacktown, dann Bus 725, tgl. 9–17 Uhr, 23 A-$, Kinder 12,50 A-$, Familie 68 A-$. Kinder dürfen hier possierliche Koalas streicheln sowie Kängurus und deren kleinere Geschwister, die Wallabies, füttern. Zu sehen sind auch Krokodile und Goannas sowie viele bunte Papageien.
Koala Park Sanctuary (▶ Karte 3): 84 Castle Hill Rd., Pennant Hills West (15 km nordwestl.), Tel. 02 94 84 31 41, www.koalapark.com, Bahn/Bus: CityRail (rote Linie) ab Central Station bis Pennant Hills, dann Bus Richtung Glenorie oder halbtägige Tour mit Sydney Day Tours, Tel. 92 51 61 01, tgl. 9–17 Uhr, 19 A-$, Kinder 9 A-$, Familie 44 A-$.

Der Tierpark bietet Kindern hautnahe Begegnungen mit den ›Kuscheltieren‹.
Luna Park (▶ C 2): s. S. 36.
Oceanworld Manly (▶ Karte 3): S. 70.
Sydney Aquarium (▶ B 5): s. S. 62.
Sydney Wildlife World (▶ B 5): s. S. 62.
Taronga Zoo (▶ G 1): s. S. 67.

Klima und Reisezeit

Down under stehen die Jahreszeiten auf dem Kopf: Frühling ist von September bis November, Sommer von Dezember bis Februar, Herbst von März bis Mai, Winter von Juni bis August. Sydney und New South Wales sind am schönsten im Frühjahr und im frühen Herbst sowie im Sommer, auch wenn es in den Sommermonaten mitunter bei hoher Luftfeuchtigkeit bis zu 40 °C heiß werden kann. Im Jahresdurchschnitt hat die Stadt rund 300 Tage mit mehr als sechs Stunden Sonnenschein, allerdings fallen jährlich auch über 1200 mm Regen, also beinahe doppelt so viel wie im mitteleuropäischen Durchschnitt.

Klimadiagramm Sydney

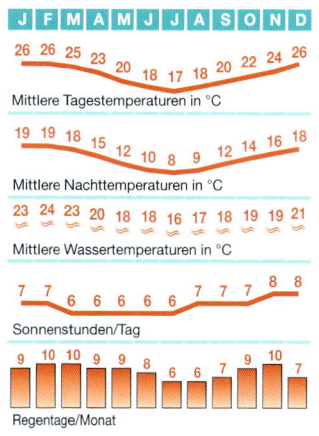

Öffnungszeiten

Geschäfte: Mo–Mi 9–18, Do 9–21, Fr, Sa 9–17 Uhr, manche Geschäfte auch So 11–17 Uhr.
Banken: Mo–Do 9.30–16, Fr 9.30–17 Uhr.
Postämter: Mo–Fr 9–17, Sa 8.30–12 Uhr.
Behörden: Mo–Fr 9–17 Uhr.

Reisen mit Handicap

Die meisten öffentlichen Einrichtungen, Hotels, Restaurants, Kinos und Museen verfügen über eine behindertengerechte Ausstattung. Immer mehr Stadtbusse werden mit ebenerdigen Türen ausgerüstet, viele Bahnhöfe haben rollstuhlgerechte Eingänge und Rampen, an Fußgängerampeln sind die Bürgersteige abgeflacht.

Genaue Auskünfte erhält man beim National Information Communication Awareness Network (NICAN, Tel. 18 00 80 67 69 innerhalb Australiens und 02 62 41 12 20, www.nican.com.au).

Sport und Aktivitäten

Fahrrad fahren
s. S. 74.

Golf
Golfen ist *down under* ein Breitensport. Die Ausrüstung kann man vor Ort stunden- oder tageweise leihen. Die Greenfees liegen bei 25–75 A-$. Am Wochenende ist es ratsam, telefonisch zu reservieren. Infos: www.ausgolf.com.au
Moore Park Golf Club: ▪ **D/E 9/10,** Cleveland St./Ecke Anzac Pde., Moore Park, Tel. 02 96 63 39 60, www.mooreparkgolf.com.au, Bus: 339, 340, 390–394.

Sicherheit und Notfälle

Im Allgemeinen gilt Australien als sicheres Reiseland. Gewaltverbrechen wie Überfälle und Vergewaltigungen kommen sehr selten vor. In den Touristenzentren häufen sich jedoch **Diebstähle** und **Autoaufbrüche.** Deponieren Sie Wertsachen und Reisedokumente im Hotelsafe oder tragen Sie sie möglichst unauffällig am Körper. An den Stränden Sydneys kann der anbrandende Ozean für unerfahrene Schwimmer gefährlich sein. Tückische Unterströmungen *(rips)* haben schon manchen in die offene See hinausgezogen. Deshalb ist es ratsam, nur an Stränden zu baden, die von den Lebensrettern der **Surf Life Saving Association** überwacht werden und mit Flaggen gekennzeichnet sind. Grüne Flaggen signalisieren gute Badebedingungen, rotgelbe Flaggen markieren überwachte Strandabschnitte, gelbe Flaggen raten zur Vorsicht, bei roten Flaggen ist das Baden verboten.
Notrufnummern: Kostenloser Notruf für Polizei, Ambulanz, Feuerwehr: Tel. 000, Police Assistance Line: Tel. 13 14 44.
Kreditkarten-Sperrnummer: Tel. 001 49 11 61 16.

Joggen

Die schönste Joggingstrecke führt von der City über Circular Quay East und am Opera House vorbei zu den Royal Botanic Gardens; zurück geht's durch die Parkanlage The Domain (3–4 km). Eine andere beliebte Strecke verläuft über den Port Jackson: Hin und zurück über die Harbour Bridge sind es rund 3 km. Besser lassen sich Sightseeing und Sport kaum miteinander verbinden.

Kajak fahren

Sydney Harbour Kayaks: ■ nördl. **F 1,** Spit Rd., Spit Bridge, Mosman, Tel. 02 99 60 43 89, www.sydneyharbourkayaks.com, Schiff/Bus: Hafenfähre ab Circular Quay Pier 2 bis Taronga Zoo, dann Bus 238.

Schwimmen

In den meisten Hotels der gehobenen Kategorien stehen den Gästen Swimmingpools zur Verfügung. Zwei sehr beliebte öffentliche Schwimmbäder beeindrucken durch ihre spektakuläre Lage: Unter der Harbour Bridge befindet sich der in den Wintermonaten beheizte und

überdachte **North Sydney Olympic Pool** (■ **C 2,** s. S. 37). Im Osten der Royal Botanic Gardens liegt der **Andrew (Boy) Charlton Pool** (■ **E 4**), Mrs. Macquaries Rd., The Domain, Tel. 02 93 58 66 86, www.abcpool.org, Bus: 200, 555, X99 und Sydney Explorer, tgl. 8–18 Uhr, 5,50 A-$, Kinder 2 A-$.

Segeln

Segeln ist in Australien bei Weitem keine Exklusivsportart. An den Wochenenden kreuzt auf dem Port Jackson bei Sydney eine wahre Armada gediegener Jachten. Infos: www.sydneybysail.com, www.yachting.org.au, s. auch S. 73.

Surfen

Wellenreiten ist in Sydney Volkssport und Lebensstil. Und es gibt wohl kaum einen besseren Ort in Australien, um diesen Sport zu erlernen (s. S. 78). Infos: www.realsurf.com.

Wandern

Schöne Wanderungen kann man nicht nur im Buschland des Ku-ring-gai Chase National Park, in den Blue Mountains oder anderen Naturschutzgebieten im Umland unternehmen (s. S. 80–83), auch nahe der City bieten sich hierfür Möglichkeiten. Spektakuläre Ausblicke versprechen der Coastal Cliff Walk (Klippenweg) bei Watsons Bay von The Gap zum Macquaries Lighthouse und der Weg von Manly nach North Head. Eine schöne Aussicht auf die Küste bietet die 3,5 km lange Wanderung vom Südende des Bondi Beach über die Klippen via Tamarama zum Strand von Bronte. Anregungen gibt die kostenlose Broschüre »Go walkabout with Sydney Ferries«.

Telefon und Internet

Überall in der Stadt findet man Telefonzellen, die mit Münzen, Telefon- oder Kreditkarten funktionieren. Telefonkarten werden in Postämtern, Drogerien, Zeitschriftenläden und Tankstellen verkauft. Überseegespräche können von Telefonzellen mit der Kennzeichnung ISD *(international subscriber dialing)* geführt werden, wobei die Tarife privater Anbieter wesentlich günstiger sind als die der staatlichen Gesellschaft Telstra. Dafür gestaltet sich das Telefonieren etwas umständlicher: Man muss eine spezielle Telefonkarte kaufen, dann eine Vermittlung anrufen und eine mehrstellige PIN-Nummer eingeben. Von Europa mitgebrachte Mobiltelefone mit Roaming-Service können auch in Australien benutzt werden. Billiger ist das Telefonieren mit einer australischen SIM-Karte.

Für Auslandsgespräche wählt man 001 + Ländervorwahl (Deutschland 49, Österreich 43, Schweiz 41) + Ortsvorwahl ohne 0 + Teilnehmernummer. Vorwahl von Sydney 02; vom Ausland nach Sydney 0061-2.

Die Rufnummer der Auskunft ist 1223 (national) und 1225 (internatio-nal). Gebührenfreie Anschlüsse haben die Vorwahl 1800. Zum Ortstarif kann man landesweit mit der Vorwahl 1300 telefonieren. Vorsicht bei Nummern, die mit 190 beginnen – dahinter verstecken sich oft teure Serviceleistungen!

Internet: Viele Hotels und Cafés bieten ihren Gästen bisweilen kostenlosen Internetzugang und für den eigenen Laptop WLAN.

Unterwegs in Sydney

Öffentliche Verkehrsmittel

Zentraler Verkehrsknotenpunkt Sydneys, von dem aus Nahverkehrszüge, Stadtbusse und Hafenfähren in alle Richtungen abfahren, ist der **Circular Quay.** An den drei Informationsschaltern von State Transit, dem Betreiber aller öffentlichen Verkehrsmittel, am Circular Quay erhält man Fahrpläne und Übersichtskarten sowie Hinweise auf günstige Tarife. Der **Bus InfoKiosk** befindet sich an der Alfred St., Ecke Loftus St. (gegenüber Circular Quay), das **City Rail Information Centre** gegenüber Pier 5 und das **Sydney Ferries Info Centre** am Pier 4. Einen telefonischen Auskunftsdienst (Public Transport InfoLine) für alle öffentlichen Verkehrsmittel erreicht man tgl. von 6–22 Uhr unter Tel. 13 15 00. Weitere Infos: www.131500.info.

Stadtbusse: Sydneys Stadtlinienbusse sind zuverlässig und sicher. Ergänzt wird das dichte Busnetz durch die Airport-Express-Zubringerdienste (s. S. 16) sowie zwei Sightseeing-Linien (s. S. 25). Infos:

Nachhaltig reisen: Auf einen Mietwagen kann man verzichten, denn kaum eine andere Metropole ist so gut zu Fuß oder mit öffentlichen Verkehrsmitteln zu erkunden wie Sydney.

www.sydneytransport.net.au. Auf der Route Central Station–George St.–Circular Quay–Elizabeth St. verkehrt der kostenlose Bus 555 im Zehn-Minuten-Takt, Mo–Mi, Fr 9.30–15.30, Do 9.30–21, Sa, So, Feiertag 9.30–18 Uhr. **Bahn:** Das engmaschige Eisenbahnnetz von **CityRail** erstreckt sich nördlich bis Newcastle, südlich bis Nowra und westlich bis Lithgow jenseits der Blue Mountains. Alle Vorortzüge starten ab Circular Quay. Es gibt acht farblich gekennzeichnete Hauptrouten. Unterirdisch verläuft der **City Circle,** die wichtigste Linie im Zentrum.

Die **Metro Monorail** fährt in Fünf-Minuten-Intervallen Mo–Sa 7–24, So 8–21 Uhr durch den südwestlichen Innenstadtbezirk und Darling Harbour. Die **Metro Light Rail,** eine von einer Privatfirma betriebene Straßenbahn, fährt von der Central Railway Station über Chinatown und Darling Harbour zum Sydney Fishmarket (tgl. 24 Std., alle 10 Min.).

Empfehlenswert sind der **Super Voucher Day Pass** (beliebig viele Fahrten in Metro Monorail oder Metro Light Rail inkl. diverser Rabatte bei Sehenswürdigkeiten, jeweils 9,50 A-$, Familie 23 A-$) oder der **Combined Super Voucher Day Pass** (für beide Verkehrsmittel, 15 A-$, Familie 37,50 A-$); Auskunft: Tel. 02 92 85 56 00, www.metromonorail.com.au.

Hafenfähren: Die grünweiß lackierten Fähren kreuzen tgl. zwischen 6 und 24 Uhr pausenlos im Hafen und verbinden den Circular Quay mit zahlreichen Vororten. Zum Hafenvorort Manly verkeh-

Kombitickets

Wer Sydney mit öffentlichen Verkehrsmitteln erkunden will, sollte sich den **SydneyPass** kaufen. Mit diesem Kombinationsticket kann man alle städtischen Buslinien (inkl. Sydney Explorer und Bondi and Bay Explorer) sowie Fährdienste (inkl. Jetcat nach Manly und Rivercat nach Parramatta) drei, fünf oder sieben (nicht notwendigerweise aufeinanderfolgende) Tage lang benutzen. Im Preis inbegriffen sind außerdem die Flughafentransfers mit dem Airport Express und unbegrenztes Fahren auf der »roten Route« der CityRail und dem Airport Link. Fahrten mit Monorail und Metro Light Rail sowie den privaten Bus- und Fähranbietern sind nicht eingeschlossen. Der drei, fünf oder sieben Tage gültige SydneyPass kostet für Erwachsene 116/152/172 A-$, für Kinder 58/76/86 A-$ und für Familien 290/380/430 A-$. Erhältlich ist er u. a. beim Travellers Information Service am Kingsford Smith Airport, am Bus InfoKiosk am Circular Quay sowie in den beiden Explorer-Bussen und im Airport Express. Weitere Infos: www.sydneypass.info.
Eine andere günstige Kombikarte ist **Day-Tripper** (17 A-$), die einen Tag lang beliebig viele Fahrten mit öffentlichen Verkehrsmitteln der City erlaubt (ausgenommen sind Explorer-Busse, Airport Express und Jetcats).
Der **See Sydney & Beyond Attractions Pass** bietet zu einem All-inclusive-Preis freien Eintritt zu über 40 Attraktionen in und um Sydney sowie den Blue Mountains und gilt zwischen zwei und sieben Tagen. Er ist erhältlich in den Sydney Visitor Centres in The Rocks und Darling Harbour oder online zu bestellen unter www.seesydneycard.com. Zwei Tage: 135 A-$, Kinder 79 A-$, Drei Tage: 165 A-$, Kinder 95 A-$, Sieben Tage: 225 A-$, Kinder 160 A-$.

ren neben den Fähren tgl. von 6.30–19 Uhr schnelle Jetcats (Tragflügelboote). Infos: www.sydneyferries.info.

Rundfahrten

Der **rote Sydney Explorer** verbindet auf einem 26 km langen Rundkurs die 27 wichtigsten Sightseeing-Punkte. Man kann aussteigen, wo man will und so oft man will – bequemer kann man Sydney nicht entdecken. Abfahrt im 20-Minuten-Takt vom Circular Quay gegenüber Customs House tgl. 8.40–17.20 Uhr.

Die 30 km lange Route des blauen **Bondi and Bay Explorer** führt von der City über Kings Cross, Double Bay und Watsons Bay zum Bondi Beach. Zurück geht es über Bronte Beach, Coogee Beach, Randwick und Paddington. Abfahrt in 30-minütigen Abständen vom Circular Quay tgl. 8.45–16.15 Uhr. Die Haltestellen beider Linien sind mit roten bzw. blauen Schildern markiert. Tickets sind bei den Busfahrern erhältlich: One Day Combined Ticket 40 A-$, Kinder 20 A-$, Familie 100 A-$.

Hafenrundfahrten werden ganzjährig von zahlreichen Unternehmen ab Circular Quay veranstaltet. Informationen über die verschiedenen Angebote erhält man an den Kiosken der Veranstalter am Circular Quay, Pier 6, oder auch bei Australian Travel Specialists, Shop W1, Alfred St., Circular Quay gegenüber Pier 6, Tel. 02 92 11 31 92, www.atstravel.com.au. Über 20 unterschiedliche Touren ab Circular Quay, Pier 6, bietet der Marktführer Captain Cook Cruises, z. B. die 75-minütige Harbour Highlights Cruise, tgl. 9.30, 11, 12.45, 14.30, 16, 18, 19.30 Uhr, 29 A-$, Kinder 15 A-$, Familie 59 A-$, Tel. 02 92 06 11 11, www.captaincook.com.au.

Taxi oder Wassertaxi

Taxis warten in der City und in den zentrumsnahen Vororten an Ständen und vor großen Hotels, man kann sie auch am Straßenrand heranwinken oder telefonisch bestellen (z. B. Legion Cabs, Tel. 02 13 14 51; Premier Cabs, Tel. 02 13 10 17; Taxis Combined, Tel. 02 13 33 00). Die Grundgebühr beträgt 3,50 A-$, der Fahrpreis errechnet sich aus Kilometern und benötigter Zeit. Beim Overseas Passenger Terminal am Circular Quay West gibt es einen Anleger für Wassertaxis, die man für Ausflüge im Sydney Harbour chartern kann. Sinnvoll ist eine vorherige Reservierung (z. B. Harbour Taxis, Tel. 02 95 55 11 55; Water Taxis Combined, Tel. 02 95 95 88 88; Yellow Water Taxis, Tel. 02 92 99 01 99).

Überlandbusse

Überlandbusse starten ab dem **Sydney Coach Terminal** (Eddy Ave./Ecke Pitt St., Auskunft und Buchung: Tourist Information Service, Tel. 02 92 81 93 66). Größte Busgesellschaft ist Greyhound Australia. Wer längere Strecken mit dem Bus reisen möchte, sollte den Kauf einer Netzkarte erwägen. Buspässe kann man in den Buchungsbüros der Busgesellschaften, Flughäfen, Reisebüros, Fremdenverkehrsämtern und Hotels kaufen. Auskunft erhält man in Reisebüros, bei Tourism Australia in Frankfurt/Main oder bei Greyhound Australia, www.greyhound.com.au, Reservierung im Land: Tel. 02 13 00 13 20 30.

Züge

Fernzüge in alle Richtungen starten ab der **Central Railway Station** (Eddy Ave., Auskunft und Buchung: CountryLink Travel Centre, Central Station, Tel. 02 13 22 32). Reisenden, die Australien mit der Eisenbahn kennenlernen möchten, bietet Rail Australia zwei preisgünstige Netztickets. Info: Rail Australia, www.railaustralia.com.au, Reservierung im Land: Tel. 02 13 22 32.

Wenn sich Hunderte Wellenreiter mit ihren bunten Surfboards auf der monumentalen Treppe des Opernhauses von Sydney ein Stelldichein geben, wird der weltbekannte Bau wie so oft zum Mittelpunkt umjubelter Vorstellungen. Dann zeigt sich auch die Mentalität der Sydneysiders – ohne Berührungsängste, unkonventionell, spontan und zu allem fähig.

1 | Historischer Kern des ›weißen‹ Australien – The Rocks bei Tag

Karte: ▶ B 4, C 3/4 | **Bus:** 431–434 und Sydney Explorer

Hier hat alles angefangen: Nach acht beschwerlichen Monaten auf See kletterten 772 schlecht ernährte Strafverbannte und 211 Soldaten und Seeleute am 26. Januar 1788 im Port Jackson auf eine felsige Halbinsel, der sie später den Namen The Rocks gaben. Heute ist die erste europäische Siedlung auf australischem Boden ein lebendiges Freilichtmuseum.

Rund um The Rocks Centre

Zur Einstimmung auf den Rundgang durch das historische Viertel empfiehlt sich ein Besuch von **The Rocks Centre** 1, das sich im Penrhyn House an der Ecke Argyle Street und Playfair Street befindet. Wer möchte, kann dort eine geführte Tour durch die Altstadt buchen (s. S. 29). Am The Rocks Square in der Playfair Street finden sonn- und feiertags kostenlose Open-Air-Konzerte statt. Gegenüber wartet der **Argyle**

Department Store 2, ein schickes Einkaufszentrum, das sich in einem zwischen 1826 und 1888 errichteten Ensemble aus vier restaurierten Warendepots und Wolllagern ausgebreitet hat, auf Kundschaft. Zwei der alten Lagerhäuser gehörten einst Mary Reiby aus Yorkshire, die im Alter von 13 Jahren wegen Pferdediebstahls nach Australien verbannt worden war. Bereits nach vier Jahren begnadigt, heiratete sie einen reichen Geschäftsmann. Nach dessen frühem Tod avancierte sie zur erfolgreichsten Unternehmerin der Strafkolonie und wurde schließlich eine der angesehensten Frauen in Australien.

Archäologische Fundstücke, Gemälde, Fotografien, Videofilme und interaktive Displays informieren im **The Rocks Discovery Museum** 3 in der Kendall Lane über die Geschichte des historischen Viertels – von der Zeit der hier einst ansässigen Cadigal-Aborigines bis zur Gegenwart.

Sailors Home und Cadmans Cottage

Das 1864 errichtete **Sailors Home** 4 an der George Street, in dem sich heute eine Kunstgalerie befindet, wurde einst gegründet, um dem Menschenhandel mit betrunkenen Seeleuten ein Ende zu setzen. Damals war es gang und gäbe, neu angekommene Matrosen in Absteigen und Bordelle zu locken, sie unter Alkohol zu setzen und dann an Kapitäne auslaufender Schiffe zu verhökern.

Wenige Schritte entfernt steht **Cadmans Cottage** 5, in dem einst John Cadman wohnte. Dieser war als Deportierter in die Strafkolonie gekommen und machte dort eine unglaubliche Karriere vom Häftling zum Oberinspektor der Regierungsflotte. 1816 erbaut, ist dieses Sandsteinhäuschen das älteste architektonische Relikt aus den kolonialen Gründerjahren. Heute beherbergt das Gebäude das Informationsbüro des National Parks & Wildlife Service, eine wichtige Anlaufstelle für alle, die Buschwanderungen in den Naturschutzgebieten um Sydney planen. Etwas weiter präsentiert das Museum of Contemporary Art (s. S. 77) zeitgenössische Kunst. Im **Orient Hotel** 6 schräg gegenüber von Cadmans Cottage fließt seit 1844 das Bier aus blank polierten Zapfhähnen (s. S. 34). Der Pub ist ein schönes Beispiel für den georgianischen Baustil der frühen Kolonialzeit.

Nurses Walk und Suez Canal

Biegt man beim historischen Russell Hotel rechts in die Globe Street ab, erreicht man **Nurses Walk** 7, ein Labyrinth kopfsteingepflasterter Gassen. Einst befand sich dort das erste Krankenhaus des Kontinents. Die Schwestern, die hier von 1788 bis 1816 Kranke und Verletzte pflegten, waren strafverbannte Frauen. Für ihre Arbeit erhielten sie außer freier Kost keine Entlohnung.

Übrigens: Geschichten, Anekdoten und historisch Hintergründiges – die Guides von **The Rocks Walking Tours** 1 kommentieren die geführten, 1,5-stündigen Touren auf unterhaltsame Art. Buchung in The Rocks Centre oder direkt beim Veranstalter (23 Playfair St., The Rocks, Tel. 02 92 47 66 78, www.rockswalkingtours.com.au, Mo–Fr 10.30, 12.30, 14.30, Sa, So, feiertags 11.30, 14 Uhr, 30 A-$, Kinder 15 A-$, Familie 75 A-$). Spannend wird es zu nächtlicher Stunde bei den zweistündigen **The Rocks Ghost Tours** 2, die beim Cadmans Cottage starten. Buchung in The Rocks Centre oder direkt beim Veranstalter (Shop 121, Clocktower Square, Harrington/Argyle Sts., Tel. 13 00 73 19 71, www.ghosttours.com.au, April–Sept. tgl. 18.45 Uhr, Okt.–März tgl. 19.45 Uhr, 39 A-$, Jugendliche 30 A-$).

Weiter geht es zu einer Gasse namens **Suez Canal** 8, die so eng und dunkel geblieben ist, dass man sich mit ein wenig Fantasie in die Zeit zurückversetzen kann, als hier die Gabbage Tree Gang betrunken umherirrenden Seeleuten auflauerte.

Susannah Place

In den ärmlich wirkenden Ziegelsteinhäusern am **Susannah Place** 9, von 1840 bis Mitte des 20. Jh. eine Arbeitersiedlung, gibt heute ein Museum Einblick in die Wohnverhältnisse der damaligen Zeit. Im kleinen Krämerladen im Eckhaus werden traditionelle australische Produkte feilgeboten.

Millers Point

Von der Cumberland Street führen Stufen hinauf zur **Harbour Bridge** (s. S. 35) und ein Fußgängertunnel unter der

Der Blick vom Observatory Hill auf die Harbour Bridge und North Sydney ist umwerfend

Brücke hindurch zur Upper Fort Street im Stadtteil Millers Point, der nach den ersten Getreidemühlen der Kolonie benannt ist. Überragt wird das Viertel vom Observatory Hill, einer Parkanlage mit der historischen Sternwarte **Sydney Observatory** 10. Die 1858 im Renaissancestil erbaute Sternwarte dient heute als Museum für Astronomie, doch kann man hier im Rahmen spezieller Veranstaltungen mithilfe eines mächtigen Teleskops auch die funkelnde Sternenvielfalt des ›südlichen‹ Nachthimmels bewundern. Am Fuße des Observatory Park steht das 1841 errichtete **Lord Nelson Hotel** 11, Sydneys älteste Kneipe (s. S. 32).

Nächste Station ist Argyle Place mit einem Ensemble georgianischer und viktorianischer Terrassenhäuser. Wegen der schönen Buntglasfenster lohnt sich ein Blick in die 1848 als erste Militärkirche von New South Wales erbaute neogotische **Garrison Church** 12. An der Ecke Windmill Street und Lower Fort Street lockt ein weiterer historischer Pub – das **Hero of Waterloo Hotel** 13 aus dem Jahre 1844 (s. S. 33).

In den restaurierten Lagerhallen am **Pier Four** 14 der Walsh Bay Wharves sind heute die Sydney Theatre Company (s. S. 111) und die Sydney Dance Company (s. S. 110) zu Hause, zwei experimentierfreudige Theater- und Tanzensembles. Am ebenfalls sanierten **Pier One** 15 bietet sich ein schöner Blick auf den Luna Park am anderen Ufer des Sydney Harbour.

Zurück zur George Street

Die Harbour Bridge an der ehemaligen Geschützstellung am Dawes Point unterquerend, kommt man zurück zur George Street, die sich samstags und sonntags in einen Straßenmarkt verwandelt (s. S. 99). Aus dem **Mercantile Hotel** 16, dessen Fassade Art-déco-Wandfliesen schmücken, dringt an Wochenenden der Klang irischer Folkmusik (s. S. 34). Schräg gegenüber liegen die

Übrigens: Vom Observatory Park, der die Sternwarte umgibt, genießen viele bei einem Picknick das Hafenpanorama, insbesondere den herrlichen Blick auf die Harbour Bridge. Man sitzt in einem Pavillon, auf Parkbänken oder auf dem Rasen.

Metcalfe Stores 17, eine koloniale Häuserzeile mit Galerien für Kunsthandwerk und guten Souvenirläden. Ein Stückchen weiter steht auf der anderen Straßenseite die **Westpac Bank** 18, das 1817 gegründete erste Geldinstitut Australiens.

An der Ecke George Street und Hickson Road fällt das **Australian Steam Navigation Building** 19 von 1883 wegen seines flämischen Baustils auf.

Heute beherbergt das Gebäude eine Kunstgalerie. Elegante Restaurants und Bistros befinden sich in dem alten Sandsteinspeicher **Campbells Storehouse** 20. An den Bethel Stairs zwischen dem Circular Quay West und der George Street ragt die ehemalige **Mariners Church** 21 auf, deren Glocken zum ersten Mal im Jahre 1859 läuteten. Von hier sind es nur noch einige Schritte zurück zum The Rocks Centre.

Tour-Info

Länge/Dauer: 2,5–3 km/4–5 Std.

Öffnungszeiten und Eintritt

The Rocks Centre: Tel. 02 19 02 22 22 22, www.therocks.com, tgl. 9.30–17.30 Uhr, s. auch S. 100.

The Rocks Discovery Museum: Tel. 02 92 40 86 80, www.rocksdiscovery museum.com, tgl. 10–17 Uhr, Eintritt frei.

Sailors Home: Billich Gallery, Tel. 02 92 52 14 81, tgl. 9–18 Uhr, Eintritt frei.

Cadmans Cottage: Tel. 02 92 47 50 33, Mo–Fr 9.30–16.30, Sa, So 10–16.30 Uhr, Eintritt frei.

Susannah Place: Tel. 02 92 41 18 93, www.hht.net.au, Mo–Fr 14–18, Sa, So 10–18, Jan./Ferienzeit tgl. 10–18 Uhr, freier Eintritt zum Laden, Museum 8 A-$, Kinder 4 A-$, Familie 17 A-$.

Sydney Observatory: Tel. 02 99 21 34 85, www.sydneyobservatory.com, tgl. 10–17 Uhr, Eintritt frei; Veranstaltung Space Theatre and Telescope Tour Mo–Fr 14.30, 15.30, Sa, So 11, 12, 14.30, 15.30 Uhr, 7 A-$, Kinder 5 A-$, Familie 20 A-$; Night Viewing auf Anfrage, 15 A-$, Kinder 10 A-$, Familie 45 A-$.

Australian Steam Navigation Building: Ken Done Gallery, Tel. 02 82 47 45 99, www.kendone.com.au, tgl. 10–17.30 Uhr, Eintritt frei.

Snack-Stopp

Im Nurses Walk beherbergt ein Sandsteinhaus aus dem Jahre 1830 das gemütliche Lokal **The Vintage Café** 1 (R 2 Nurses Walk, Tel. 02 92 52 20 55, tgl. 9–20 Uhr) – der ideale Platz für einen kleinen Imbiss. Hier sitzt man in historischem Gemäuer und kann sich mit kreativen kleinen Gerichten (12,90–16,90 A-$) oder fantasievollen Sandwiches (13,90–15,90 A-$) für neue Sightseeing-Aktivitäten fit machen.

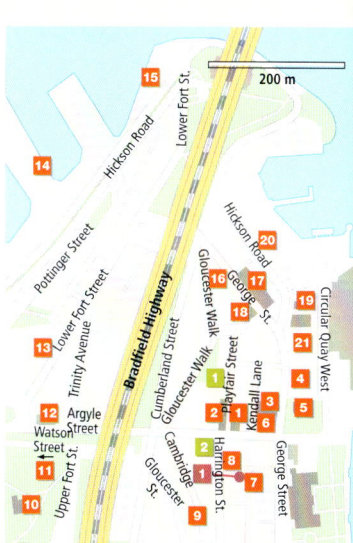

Karte: ▶ B 4, C 3/4 | **Bus:** 431–434 und Sydney Explorer

Ob Banker oder Bauarbeiter, eines haben die meisten männlichen Sydneysiders gemeinsam: Nach Feierabend treffen sie sich zur ›happy hour‹ in ihrer Stammkneipe, wo der edle Gerstensaft teilweise schon seit über 150 Jahren aus den blank polierten Zapfhähnen fließt.

Lord Nelson Hotel

Machen wir es ihnen nach und beginnen das *pub crawling* im **Lord Nelson Hotel** ▮1▮ (19 Kent St., Millers Point, Tel. 02 92 51 40 44, www.lordnelson brewery.com), das 1841 seine Pforten öffnete und damit als älteste Kneipe von Sydney gilt. Der gestandene Biertrinker ist gut beraten, im Lord Nelson einen der in der hauseigenen Brauerei hergestellten Gerstensäfte zu ordern. Wie wär's zum Einstieg mit einem *pint* (0,56 l) *Nelsons Blood*, einem dunklen cremigen Porter mit bitterem Geschmack, der an das irische Guinness erinnert? Mit 4,1 % Alkoholgehalt steigt dieser Tropfen noch nicht allzu sehr in den Kopf.

Vorsicht aber mit dem *Old Admiral*, einem dunklen Starkbier (6,7 %), das bayerischem Bockbier ähnelt. »That's to be taken with great respect«, empfiehlt der Wirt. Er erzählt auch, dass Mark Twain, der 1895 Australien besuchte, gerne auf ein Bier im Lord Nelson vorbeischaute. Einer der letzten prominenten Besucher war der ehemalige US-Vizepräsident Dan Quayle, der Geschmack am hauseigenen Weizen, dem *Fleet Wheat* fand, worauf man ihm zu Ehren diese Biersorte in Quayle Ale umtaufte.

Hero of Waterloo Hotel

Ein Pub, in dem man Geschichte förmlich einatmen kann, ist das seit 1844 bestehende **Hero of Waterloo Hotel**  (81 Lower Fort St., Millers Point, Tel. 02 92 52 45 53, www.heroofwaterloo. com.au), nur wenige Schritte vom Lord Nelson entfernt. In den frühen Jahren der Kolonie war das Hero of Waterloo eine üble Kaschemme mit denkbar schlechtem Leumund. Skrupellose Menschenhändler trieben hier ihr Unwesen: Arglose Zecher wurden betrunken gemacht, durch eine Falltür in den Keller verfrachtet und von dort durch einen unterirdischen Geheimgang zu den Piers der nahen Walsh Bay geschleppt, wo man sie an die Kapitäne auslaufender Schiffe verscharserte.

Später gehörten Soldaten der nahen Garnison zur Stammkundschaft. Und auch die beiden Abenteurer-Schriftsteller Joseph Conrad und Jack London kehrten um die Wende zum 20. Jh. in dieser Schenke ein. Letzterer hat sich hier angeblich zu folgendem Ausspruch inspirieren lassen: »Ich wäre lieber Asche als Staub, würde lieber als Flamme lodernd verglühen als in Fäulnis verwesen, denn das wichtigste Ziel eines Mannes ist zu leben, nicht zu existieren«.

Australian Hotel und Glenmore Hotel

Nächstes *watering hole* der Kneipentour ist das 1913 eröffnete **Australian Hotel** (100 Cumberland St., The Rocks, Tel. 02 92 47 22 29, www.austra lianheritagehotel.com), eine Traditionskneipe mit über 120 australischen Biersorten im Ausschank (Tipp: *Scharer's Bavarian Style Lager Beer*) und berühmt für ihre mit Büffel-, Emu-, Kamel-, Känguru- oder Krokodilfleisch belegten Bush-Tucker-Pizzas.

Im benachbarten **Glenmore Hotel** (96 Cumberland St., The Rocks, Tel. 02 92 47 47 94, www.glenmorehotel. com.au) wird *Tooheys,* das Lieblingsbier vieler Sydneysiders, gezapft. Dieses Bier muss zittern vor Kälte, darauf legen die Gäste allergrößten Wert. Deshalb holt der Wirt die Gläser – die großen *schooner* (0,426 l), die kleinen *middie*

Eine Institution im Altstadtviertel – das Mercantile Hotel in der George Street

(0,284 l) – direkt aus dem Eisfach, um dann das Bier in seiner edelsten Form einzuschenken: frisch gezapft *(draught)*.

Gewöhnlich ist es kein Problem, hier mit Einheimischen ins Gespräch zu kommen, allerdings muss der Fremde oft den ersten Schritt tun, um die Unterhaltung in Gang zu bringen.

Mercantile Hotel

Nur ein paar Fußminuten entfernt liegt das 1915 eröffnete **Mercantile Hotel** 5 (25 George St., The Rocks, Tel. 02 92 47 35 70), das inoffizielle irische Kulturzentrum von Sydney, wo selbst Besucher von der ›grünen Insel‹ vergessen, dass sie sich ganz am anderen Ende der Welt befinden. Jeden Freitagabend ab 20.30 Uhr erzittert das koloniale Gemäuer in seinen Grundfesten, wenn die Folk-Rock-Formation »Shaylee Wilde« aufspielt. Die Gäste stehen dann in Dreierreihen vor dem Tresen und Barkeeperin Christine, so rothaarig und sommersprossig wie nur ein Irish girl sein kann, kommt mit dem Zapfen des dunklen Guinness kaum nach.

Observer Hotel

Weiter geht es zum **Observer Hotel** 6 (69 George St., The Rocks, Tel. 02 92 52 41 69, www.observerhotel.com.au). Dunkel möbliert, jenseits aller Mode, bierromantisch mit gescheuerten Holztischen – so präsentiert sich dieser historische Pub. Hier ist der Wirt noch König, barsch und mürrisch zugleich. »Ein alkoholfreies Bier? Da bleib mal lieber gleich zu Haus!« Hier ist das *Reschs Black Ale* angesagt – eine Weltanschauung wie jedes gute Bier.

Orient Hotel

Endstation der Kneipentour ist das **Orient Hotel** 7 (89 George St., The Rocks, Tel. 02 92 51 12 55, www.orient hotel.com.au), Sydneys zweitältester Pub, dem auch die freitägliche bis sonntägliche Dauerbeschallung durch einige der besten Rockbands von Sydney bisher nichts anhaben konnte.

Behäbige Deckenventilatoren quirlen die stickige Luft. Auf dem Boden liegen platt getretene Zigarettenkippen und zerknautschte Papierservietten, was aber keinen der Gäste zu stören scheint. Diesen werden Sie nachhaltig in Erinnerung bleiben, wenn Sie laut in Richtung Wirt rufen: »It's my shout!« Jetzt ernten Sie anerkennende Blicke und Schulterklopfen, denn soeben haben Sie eine Runde ausgegeben.

Tour-Info
Länge: 1,5–2 km
Öffnungszeiten: meist Mo–Do, So 11–24, Fr, Sa 11–1 oder 2 Uhr

Essen und Trinken
In den meisten Pubs werden *counter meals* serviert, dabei reicht das Spektrum von Hamburger oder Steak bis zu Gerichten der New Australian Cuisine.

Begrifflichkeit
Der **Begriff** Hotel führt bei Sydney-Besuchern aus Übersee oft zu Verwirrung, denn nicht in jedem australischen Hotel kann man auch übernachten. Oft tragen Kneipen und Gastwirtschaften diese Bezeichnung, die noch aus dem 19. Jh. stammt, als man zur Einschränkung des Alkoholkonsums landesweit ein Gesetz erließ, nach dem alkoholische Getränke nur in Hotels ausgeschenkt werden durften. Einfache Zimmer gibt es heute noch im Lord Nelson Hotel und im Mercantile Hotel. Großer Vorteil: Der Weg vom Tresen im Erdgeschoss ins Bett ist erfreulich kurz.

3 | Aussichtsreiche Bogenbrücke – Harbour Bridge

Karte: ▶ C 2/3 | **Bus:** 431–434 und Sydney Explorer

Von der Altstadt aus hat man fast immer eines der Wahrzeichen Sydneys im Blick: die Harbour Bridge, die von Einheimischen auch Caot Hanger, Kleiderbügel, genannt wird. Bei einem Spaziergang über die 1932 eingeweihte Einbogenspannbrücke genießt man einen herrlichen Blick auf The Rocks, Hafen und Oper.

Eine Ikone der Stadt

Im »Guinness-Buch der Rekorde« ist die **Harbour Bridge** 1 mit einer Länge von 503 m als zweitlängste Einbogenspannbrücke der Welt aufgeführt. 60 000 t Stahl, zusammengehalten von 6 Mio. Schrauben, auf denen acht Autospuren, zwei Bahnlinien sowie zwei Fuß- und Radwege verlaufen, verbinden die City mit den nördlichen Vororten. 1925, zur Zeit der Weltwirtschaftskrise, wurde der Grundstein gelegt und damit zugleich 1400 Arbeitsplätze geschaffen.

Nachdem sie einer Belastungsprobe mit 72 Dampflokomotiven standgehalten hatte, konnte die Harbour Bridge am 19. März 1932 feierlich eingeweiht werden. Obwohl mittlerweile zwei zusätzliche Tunnel unter dem Port Jackson Entlastung bringen, sorgen auf der mautpflichtigen Brücke täglich bis zu 200 000 Fahrzeuge für ein Verkehrschaos.

Erstklassiges Panorama

Der einzige für Fußgänger kostenlose Zugang befindet sich in der Cumberland Street im Altstadtviertel The Rocks. Bereits vom Fußweg auf der Brücke bietet sich ein herrlicher Blick, der über die Sydney Cove mit den ein- und auslaufenden Hafenfähren und das Opera House bis weit hinaus in den Port Jackson reicht, wo eine Armada von Segeljachten kreuzt. Und spätestens am **Pylon Lookout,** der Aussichtsplattform auf dem 89 m hohen südöstlichen Brückenpfeiler, versteht man, warum Cinemascope erfunden wurde: Dieses Panorama sprengt einfach jeden Rahmen. Bevor man mit dieser grandiosen Aussicht belohnt wird, genießt man im **Pylon Museum,** das sich im Innern des Brückenpfeilers befindet, einen Einblick in die Entstehungsgeschichte der Hafenbrücke. Wie seine drei Pendants ist der südöstliche Pylon ohne statische Funktion und nur optische Verzierung.

Spaziergang am Nordufer des Sydney Harbour

Ein schöner, etwa einstündiger Spaziergang führt von der Harbour Bridge entlang der Lavender Bay zum Vorort McMahons Point. Von dort kann man mit einer Fähre zum Circular Quay zurückfahren. Hält man sich nach dem Treppenabgang am nördlichen Ende der Hafenbrücke an der Broughton Street rechts, kommt man zum **Stanton Lookout** 2 oberhalb der Jeffrey Street Wharf. Gut platziert ist auch der Aussichtspunkt am **Milsons Point** 3 .

North Sydney Olympic Pool und Luna Park

Die Brücke unterquerend, geht es weiter zum **North Sydney Olympic Pool** 4 , der einstigen Arena der australischen Weltrekordschwimmerinnen Dawn Fraser und Shane Gould. In den Wintermonaten ist das spektakulär gelegene öffentliche Schwimmbad beheizt und überdacht. Gleich daneben befindet sich der Eingang zum **Luna Park** 5 . Der traditionsreiche Vergnügungspark mit Achterbahn und Riesenrad begeistert große und kleine Kinder.

An der Lavender Bay

Die nach dem britischen Kolonialbeamten George Lavender benannte Bucht trug einst den Namen Quiberee Bay. Der Begriff stammt aus einem Aboriginal-Idiom und bedeutet Süßwasser-

quelle. Vom Luna Park führt ein Holzplankenweg vorbei an der kleinen Grünanlage Art Barton Park zum vornehmen Stadtteil **McMahons Point** 6 , der eine herrliche Wohnlage mit einem Panoramablick über den Hafen auf die City kombiniert. Etwa auf halbem Weg blockieren schicke Apartmentanlagen den am Ufer verlaufenden Spazierpfad, sodass man auf die oberhalb verlaufende Bay View Street ausweichen muss. Hier bekommt man einen guten Eindruck davon, wie es sich in Sydney am Wasser lebt – vorausgesetzt man kann es sich leisten.

Sydney für Schwindelfreie

Besonders Mutige können die Harbour Bridge auf den Brückenbögen überqueren. Nach Alkohol- und Höhentest, Instruktionen und Anlegen eines speziellen Overalls startet man – eingeklinkt in ein mitlaufendes Stahlseil – zu der dreistündigen Kletterpartie über den bis zu 130 m hohen Brückenbogen. Auf dem höchsten Punkt bietet sich ein atemberaubendes Panorama. Jeder der Teilnehmer ist mit einem Headset ausgerüstet, um sich mit dem Guide verständigen und seiner Stadtführung folgen zu können. Auch wenn Ausrüstung und Vorkehrungen ein anstrengendes Klettererlebnis vermuten lassen, ist der BridgeClimb eher ein Spazier-

Übrigens: Um die Instandhaltungskosten zu decken, wird von stadteinwärts fahrenden Pendlern eine Maut von 2,5–4 A-$ pro Fahrzeug erhoben. Allein 30 000 Liter Farbe braucht man für jeden der regelmäßigen Neuanstriche. Auf der Lohnliste der Brückenmaler stand übrigens auch zeitweilig Paul Hogan, bevor er als »Crocodile Dundee« Filmkarriere machte.

gang in luftiger Höhe, den selbst Kinder (ab 12 Jahre) und Senioren bewältigen. Spektakulär wird es bei einem nächtlichen Aufstieg, wenn die City Skyline im Lichterschein funkelt. Da die Touren auf Wochen ausgebucht sind, empfiehlt sich eine Reservierung vor Reiseantritt. Fotoapparate und andere persönliche Gegenstände dürfen aus Sicherheitsgründen nicht mitgenommen werden.

Tour-Info
Länge: 3,5–4 km

Informationen und Buchung
BridgeClimb, 3 Cumberland St., The Rocks, Tel. 02 82 74 77 77, www.bridgeclimb.com, Mo–Fr ab 188 A-$, Kinder ab 118 A-$, Sa, So ab 208 A-$/ 138 A-$.

Fahrpläne
Da nicht alle Hafenfähren, die zwischen Balmain und dem Circular Quay verkehren, an der McMahons Point Wharf halten, sollte man sich beim Sydney Ferries Info Centre am Pier 4 Circular Quay einen Fahrplan besorgen, um Wartezeiten zu vermeiden.

Öffnungszeiten und Eintritt
Pylon Lookout & Museum: Tel. 92 40 11 00, www.pylonlookout.com.au, tgl. 10–17 Uhr, 9,50 A-$, Kinder (8–12 Jahre) 4 A-$, Kinder (bis 8 Jahre) gratis
North Sydney Olympic Pool: Alfred South St., Milsons Point, Tel. 99 55 23 09, Hafenfähre ab Circular Quay Pier 4, Haltestelle Milsons Point, tgl. 8–20 Uhr, 6 A-$, Kinder (5–16 Jahre) 3 A-$
Luna Park: Alfred South St., Milsons Point, Tel. 90 33 76 76, www.lunapark sydney.com, Fähre ab Circular Quay Pier 4, Haltestelle Milsons Point, sehr unterschiedliche Öffnungszeiten, an vielen Tagen des Jahres auch geschlossen; deshalb unbedingt auf die Homepage schauen. Der Eintrittspreis bemisst sich nach der Körpergröße: über 130 cm/40 A-$, 106– 129 cm/30 A-$, bis 106 cm/20 A-$.

Essen und Trinken
In dem direkt an der Fähranlegestelle McMahons Point gelegenen Restaurant **Sails** ❶ stimmt alles – das gewachsene Ambiente und die Laune des Publikums, dazu Professionalität und ein Fünf-Sterne-Blick auf Harbour Bridge und Opera House. Nicht zu vergessen die hervorragenden Fischgerichte und Meeresfrüchte (McMahons Point Wharf, Tel. 02 99 55 59 98, www.sailsrestaurant.com.au, Di–Fr 12–15, 18–24, Sa 18–24, So 12–15 Uhr, Vorspeisen 23–28 A-$, Hauptgerichte 34–42 A-$).

Karte: ▶ D 3 | **Bus:** 200, 555 und Sydney Explorer

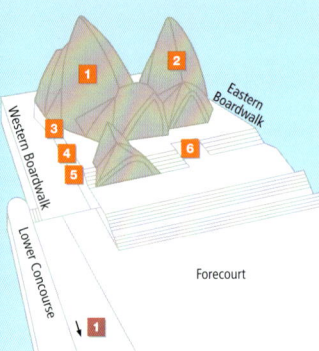

Am Bennelong Point, einer in den Port Jackson ragenden Landzunge, erhebt sich in kühner Eleganz das Sydney Opera House, das nach seiner Eröffnung schnell zum Wahrzeichen der Stadt wurde. Mit den wie vom Wind aufgeblähten Keramiksegeln gehört die monumentale Skulptur zu den großen architektonischen Meisterleistungen der Welt.

Von Anfang an war das Sydney Opera House aus ästhetischen wie finanziellen Gründen heftig umstritten. Und schon der Bau des Kunstwerks, dessen geschwungene Dachkonstruktion als Vorbild für das Olympia-Logo diente, hat Furore gemacht.

Von Skandalen umrankt

Auftakt des Dramas moderner Baukunst war der 1954 ausgeschriebene Wettbewerb, bei dem der Entwurf des dänischen Architekten Jørn Utzon (1918–2008) ausgewählt wurde. Nach Jahren technischer Experimente erfolgte am 2. März 1959 die Grundsteinlegung. Schon bald erwies sich die Umsetzung der kühnen Konstruktionspläne als nicht realisierbar, sodass Utzon gezwungen war, seinen Entwurf abzuändern. Nach Querelen mit Stadtoberen warf Utzon verärgert das Handtuch und australische Kollegen vollendeten das Werk. So verbittert war der Stararchitekt, dass er die Einladung zur Eröffnung am 20. Okt. 1973 ausschlug. Am Ende mussten die Australier tief in die Tasche greifen – statt der kalkulierten 7 Mio. A-$ waren die Baukosten auf 102 Mio. A-$ geklettert. Heute gilt das Opera House nicht nur als architektonisches Symbol von Sydney, sondern auch als Sinnbild für ein sich damals entwickelndes neues Kultur- und Selbstbewusstsein, das von vielen Australiern lange Zeit vermisst worden war. Jørn Utzon erhielt eine postume Ehrung, als die UNESCO das Opera House 2009 in den Rang eines Weltkulturerbes erhob.

Multifunktionsbau

Fast 1000 Räume umfasst das architektonische Prachtstück. Der Name »Opera House« ist missverständlich, da es als Mehrzweckbau einer Vielzahl von kulturellen Anforderungen genügt. Der mit 2690 Sitzplätzen größte Saal unter den zehn perlenfarbenen Dächermuscheln ist die **Concert Hall** 1, in der Sinfonie- und Kammermusik- sowie auch Folk-, Jazz- und Popkonzerte stattfinden.

Platz für 1547 Besucher bietet das **Opera Theatre** 2. Decke und Wände des für Opern- und Ballettaufführungen genutzten Theaters sind in dunklen Farbtönen gehalten, damit sich die Aufmerksamkeit der Zuschauer auf die Bühne konzentriert. Das Wandgemälde »The Possum Dreaming« im Foyer des Opernsaals, ein Werk des Aboriginal-Künstlers Michael Tjakamarra Nelson, erzählt eine Traumzeitepisode, den Schöpfungsakt eines mythologischen Vorfahren.

Während das **Drama Theatre** 3 maximal 544 Zuschauer fasst, bilden das **Playhouse** 4 (Schauspielhaus) und das **Broadwalk Studio** 5 mit nur 398 bzw. 288 Sitzplätzen den eher intimen Rahmen für oft avantgardistische Neuinszenierungen.

Übrigens: Jeden Samstag 10.30–13 Uhr von Sept. bis Mai veranstaltet der Historic Houses Trust (Amt für Denkmalpflege) einen Rundgang, bei dem ein Architekt Jørn Utzons Meisterwerk umfassend kommentiert (s. S. 75).

Hinter den Bühnen befinden sich fünf Probestudios und 60 Garderobenzimmer für die Künstler. Hinzu kommen ein Empfangssaal, Ausstellungsräume, Studios für Rundfunk und Fernsehen sowie mehrere Restaurants, darunter das »Guillaume at Bennelong«, eines der Spitzenlokale von Sydney.

Neben Lobeshymnen auch Kritik

Das Opera House kann außerhalb der Vorstellungen im Rahmen von Führungen besichtigt werden. Von außen sieht das Prachtstück allerdings interessanter aus, als es sich von innen während einer Besichtigungstour erweist. Zahlreiche Musiker und andere Künstler haben sich über die Enge in den nicht nach Utzons Plänen gestalteten Räumen beschwert. Zu besichtigen ist auch der **Utzon Room** 6 rechts vom Haupteingang, der als einziger Saal des Bauwerks von Jørn Utzon nach seiner Rückkehr nach Australien selbst gestaltet wurde.

Öffnungszeiten, Führungen, Eintritt

Sydney Opera House: Tel. 02 92 50 72 50, www.soh.nsw.gov.au und www.sydneyoperahouse.com, einstündige Führungen tgl. alle 30 Min., 9–17 Uhr, 35 A-$, Kinder 20 A-$, Familien 90 A-$ inkl. Softdrink, Tee oder Kaffee; zweistündige Backstage-Tour, tgl. 7 Uhr, 150 A-$ inkl. Frühstück, Buchung erforderlich

Essen und Trinken

Ein toller Blick auf das Opera House, die Skyline und die Harbour Bridge bietet sich von der Terrasse des **Portobello Caffe** 1 am Circular Quay East, wenige Schritte vom Haupteingang des Opernhauses (Tel. 02 92 47 85 48, tgl. 7.30–22 Uhr). Das Lokal empfiehlt sich für ein herzhaftes *Aussie Breakfast* (22 A-$), ein Mittagessen (Gerichte 10–23,50 A-$) oder einen Kaffee.

5 | Ein Park für alle Fälle – Royal Botanic Gardens

Karte: ▶ D/E 4/5 | **Bus:** 200, 441 und Sydney Explorer

Joggen, picknicken, Papageien füttern oder ein Mittagsschläfchen unter Königspalmen halten – all das kann man in den Royal Botanic Gardens, der grünen Lunge Sydneys. Der Botanische Garten, dessen Ursprünge in das erste Drittel des 19. Jh. zurückreichen, ist aber auch ein lebendes Herbarium und ein Refugium für zahlreiche Vertreter der australischen Tierwelt.

Das Attribut ›königlich‹ bezieht sich heute auf Queen Elizabeth II., die nominell Staatsoberhaupt von Australien ist. Doch der Lieblingspark der Sydneysiders, eine 30 ha große grüne Oase im Herzen der Stadt, steht ganz demokratisch allen offen.

Einst versuchten hier Sträflinge und Soldaten verzweifelt, Gemüse auf dem sandigen Boden anzubauen, um sich vor dem Hungertod zu retten. Heute birgt der von einem verzweigten Wegenetz durchzogene und in mehrere Sektoren aufgeteilte Park eine außergewöhnliche Sammlung von über 2500 Pflanzenarten des südlichen und südwestlichen Pazifikraums.

Palace Gardens

Wenige Schritte genügen, um vom Bennelong Point in die ausgedehnte Parklandschaft zu gelangen. Vom **Opera House Gate** 1 vorbei am festungsartig wirkenden Government House (s. S. 75), das den Botanischen Garten im Norden ›bewacht‹, führt der Spaziergang zu den Palace Gardens. Benannt hat man diesen Sektor nach dem für die Weltausstellung von 1879 errichteten viktorianischen Garden Palace, der aber bereits drei Jahre später bei einem Brand zerstört wurde.

Der **Wattle Garden** 2 ist den Akazien (Wattle) gewidmet, deren Variationsbreite von Zwergwuchsarten bis zu Bäumen von 15 bis 25 m Höhe reicht. Besonders auffällig ist die Golden Wattle, das nationale Pflanzenemblem Australiens. Im **Herb Garden** 3, in dessen Zentrum eine 1,5 t schwere Sonnenuhr steht, erklären Texttafeln den Gebrauch von Kräutern und ihre Bedeutung als Heilmittel. Der betörende Duft von 1700 Rosen kündigt den **Rose Garden** 4 an, in dem ein von zwei Steinlöwen bewachter Pavillon aus dem Jahre 1897 steht.

Governor Phillip Fountain

Nahe dem Palace Garden Gate erhebt sich auf dem **Governor Phillip Fountain** 5 – ein Brunnen aus italienischem Marmor – eine Bronzestatue von Kapitän Arthur Phillip, der von 1788 bis 1792 erster Gouverneur des kolonialen Außenpostens von Großbritannien war. Zu seinen Füßen sieht man mythologische Figuren, die Bergbau, Landwirtschaft, Handel und Seefahrt symbolisieren – damals die Säulen der australischen Wirtschaft. Der 1897 enthüllte Brunnen kostete die Steuerzahler rund 14 000 Pfund und war zur damaligen Zeit das teuerste in Australien hergestellte Denkmal. Der Direktor des Botanischen Gartens bezog damals ein relativ bescheidenes Jahresgehalt von 550 Pfund.

Sydney Tropical Centre

Eine wahre Wildnis aus Orchideen, Farnen und anderen Regenwaldpflanzen wuchert in den beiden kuppel- und pyramidenförmigen High-Tech-Treibhäusern The Arc und The Pyramid Glasshouse des **Sydney Tropical Centre** 6. Davor vermittelt der Australian Rainforest Walk einen guten Eindruck von der Artenvielfalt des subtropischen Regenwalds. Häufige Gäste sind Fliegende Füchse, die tagsüber mit dem Kopf nach unten an den Ästen hoher Bäume hängen. Man versucht, sie mit sanften Mitteln ›umzusiedeln‹, da sie enorme Schäden anrichten.

Middle Gardens

In dem Themengarten **Cadi Jam Ora** 7 südlich des Besucherzentrums wachsen Pflanzen, die bei den Aborigines einst als Nahrung und vor allem als Heilmittel Verwendung fanden. In der Broschüre »Living off the Land – The Aboriginal Use of Plants«, die es auf Anfrage kostenlos im Palm Grove Centre gibt, findet man Erklärungen zu den einzelnen Buschpflanzen. So erfährt man, dass *Gukwonderuk* – Altmännerkraut *(Centipeda cunninghamii)* –, als Tee aufgebrüht, gegen Erkältungen hilft, dass *Mootjung* oder *Burn-na-luk* – Schwarzholz *(Acacia melanoxylon)* –, mit Wasser aufgegossen, Rheumaschmerzen lindert und dass *Paong-gurk* – Flussminze *(Mentha australis)* – als Inhalationsmittel Husten und Schnupfen rasch abklingen lässt. Hier steht auch eine *Gunya* genannte einfache Schutzhütte, die aus Ästen und der Rinde des Paperbark Tree gefertigt wurde und einst den nomadisierenden Cadigal-Aborigines als Unterschlupf diente.

Riesenfarne kann man in der **Fernery** 8 bestaunen. Das nahe gelegene **Palm House** 9, 1867 als erstes gläsernes Gewächshaus von Australien gebaut, wird heute für Kunstausstellungen genutzt. Das **National Herbarium of New South Wales** 10 birgt eine kostbare Sammlung von über 1 Mio. getrockneter Pflanzen, die teilweise noch von James Cooks Entdeckungsreise entlang der Ostküste des Kontinents im Jahre 1770 stammen.

Den **Rare and Threatened Plants Garden** 11 dominiert das Prachtexemplar einer *Wollemi Pine (Wollemi nobilis)*, einer der seltensten Bäume der Welt, der als ausgestorben galt, bevor man ihn 1994 im Wollemi National Park 150 nordwestlich von Sydney wiederentdeckte. Agaven, Kakteen, Spinifex und andere Pflanzen, die sich dem trockenheißen Wüstenklima Zentralaustraliens angepasst haben, präsentiert der **Succulent Garden** 12.

Lower Gardens und Mrs. Macquaries Point

Die Sandsteinmauer Macquarie Wall trennt die Middle Gardens von den Lower Gardens. Nahe des Tors steht **The Wishing Tree** 13, eine mächtige Norfolk-Pinie. Angeblich gehen Wünsche in Erfüllung, wenn man dreimal vorwärts und dreimal rückwärts um den Baum herumläuft.

Pflanzen aus den gemäßigten Zonen Chinas, Japans und Vietnams wachsen im **HSBC Oriental Garden** 14.

Ein schöner Spaziergang führt entlang der Farm Cove zu **Mrs. Macquaries Point** 15, von dem sich das vielleicht beeindruckendste Panorama über die Hafenbucht bietet. Ein von Strafdeportierten Mitte des 19. Jh. in den Fels gemeißelter Sitz wird Mrs. Macquaries Chair genannt, weil die Gouverneursgattin hier häufig im Kreis von Angehörigen der damaligen Oberschicht Picknicks abhielt.

Tour-Info
Länge/Dauer: 3–4 km/3 Std.

Öffnungszeiten, Führungen, Eintritt
Royal Botanic Gardens: Mrs. Macquaries Rd., Tel. 02 92 31 81 11, www.rbgsyd.nsw.gov.au, tgl. 7 Uhr bis Sonnenuntergang, Eintritt frei.
Palm Grove Centre (Besucherzentrum): tgl. 9.30–16.30 Uhr; 90-minütige, kostenlose Führungen tgl. außer feiertags 10.30 Uhr; 60-minütige, kostenlose Führungen Mo–Fr außer feiertags 13 Uhr (nur März–Nov.), Treffpunkt Palm Grove Centre, Buchung Tel. 02 92 31 81 34.
The Arc und The Pyramid Glasshouse: April–Sept. tgl. 10–16, Okt.–März tgl. 10–17 Uhr, 5,50 A-$, Kinder 3,30 A-$, Familie 11 A-$.

Fernery: tgl. 9–16.30 Uhr, Eintritt frei.
Succulent Garden: tgl. 8–16 Uhr, Eintritt frei.
Palm House: tgl. 10–16 Uhr, Eintritt frei.
Aboriginal Heritage Tour (Führung durch den Themengarten Cadi Jam Ora): Buchung Tel. 02 92 31 81 34.

Essen und Trinken
Keine kulinarischen Highlights, aber solide Hausmannskost und eine luftige Terrasse zum Draußensitzen bietet das **Botanic Gardens Café** 1 beim Palm Grove Centre (Tel. 02 92 41 24 19, tgl. 8.30–16.30 Uhr, Gerichte 8–16 A-$). Asiatisch inspirierte Nouvelle Cuisine serviert man im **Botanic Gardens Restaurant** 2 im Obergeschoss (Tel. 02 92 41 24 19, Mo–Fr 12–15, Sa, So 9.30–15 Uhr, Gerichte 24–38 A-$).

Karte: ▶ D–F 7/8 | **Bus:** 333, 380, L82; 378 und Bondi and Bay Explorer

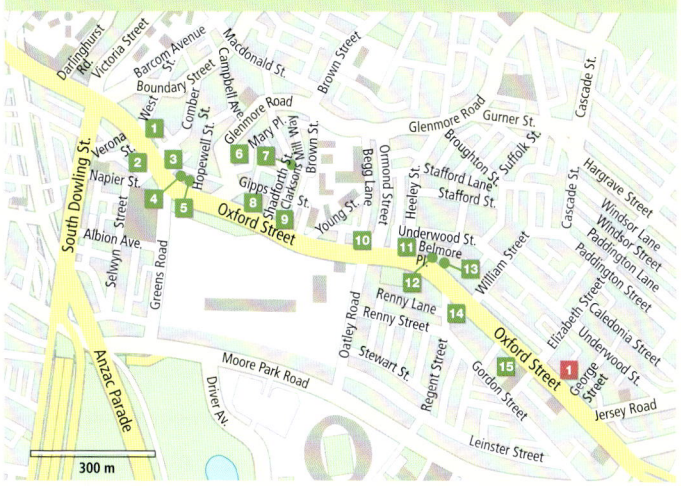

Eine der interessantesten Shoppingmeilen Sydneys ist die kilometerlange **Oxford Street** in **Paddington**, ein Laufsteg zum Bummeln und Kaufen, Sehen und Gesehenwerden. ›Shopaholics‹ und Flaneure fühlen sich hier wie im siebten Himmel, ganz besonders samstags, wenn sich halb Sydney in dem In-Viertel trifft.

Rund um die Oxford Street
In der Oxford Street findet man alles, was für die Szene wichtig ist: Bücher und Bilder, Kunst und Naturkost, individuelle Shops zum Stöbern, Trendboutiquen und Second-Hand-Läden. Nur große Warenhäuser sucht man vergebens, denn mit unpersönlichen Konsumpalästen konnten sich die Einwoh-

ner von ›Paddo‹ nicht anfreunden – für sie gehört zum Einkaufen nun mal »a chat with the shopgirl«, ein Schwätzchen mit der Verkäuferin.

Gut sortierte Buchläden
Etwa an der Grenzlinie zwischen den beiden Stadtteilen Darlinghurst und Paddington liegt der **Ariel Bookshop** **1** (42 Oxford St.). Der Buchladen hat eine umfangreiche esoterische Abteilung und außerdem oft bis Mitternacht geöffnet. Bei **Berkelouw Booksellers** **2** (19 Oxford St.) schräg gegenüber gibt es zum bestens sortierten, lichtdurchfluteten Bookshop ein Literaturcafé, in dem man bei Kaffee und Ökokuchen gleich die ersten Seiten des gekauften Buchs lesen kann. Hier sitzen oft auch renommierte Verleger, be-

Samstags wird die St. John's Church zum Mittelpunkt der berühmten Paddington Markets

kannte Schriftsteller – und arme Nachwuchsautoren, die sich möglichst lange an einer Tasse Cappuccino festhalten.

Kleidung und Accessoires
Bei **Zeitgeist** 3 (50 B Oxford St.) kaufen viele trendbewusste junge Leute ihr Nightlife-Outfit: Designer-, Gay- und schrille Lederfashion. **Rebecca Ruby** 4 (80 Oxford St.) wirbelt seit einigen Jahren die australische Modeszene so gehörig durcheinander, dass es eine Freude ist. Entspannt und sinnlich ist die Mode dieser Designerin – und deshalb sehr Sydney-like.

Kuchen als Kunstwerke
Ein Blick auf die kunstvoll arrangierte Schaufensterauslage von **Sweet Art** 5 (96 Oxford St.) genügt, um zu erkennen: Die Leute in diesem Laden sind mit Hingabe bei der Sache. Als Anthea Leonard, der Besitzerin, das Kunststudium zu langweilig wurde, begann sie, aus Kuchenteig, Zuckerguss und Marzipan süße Skulpturen zu kreieren – *the art of cake* war erfunden. Heute blättern bei ihr Kaufwillige für Meisterwerke wie einer mehrstöckigen Hochzeitstorte in Form des schiefen Turms von Pisa zum Teil über 1000 A-$ auf die Glastheke, ohne mit der Wimper zu zucken.

Galerien
Einen Querschnitt durch die australische Malerei der Gegenwart bietet die **Barry Stern Gallery** 6 (19 Glenmore Rd.), die 1958 eröffnete und damit älteste Galerie in Paddington. Auch wer nur gucken will, ist willkommen. Alteingesessen und renommiert, aber etwas schwierig zu finden ist **Hogarth Galleries Aboriginal Art Centre** 7 (7 Walker Lane). In dieser lichtdurchfluteten Verkaufsgalerie hängen vorwiegend Gemälde aus zentralaustralischen Künstlerkolonien wie Papunya Tula und Yuendumu. Angeboten werden auch kunsthandwerkliche Souvenirs der Aborigines, etwa Didgeridoos.

Hippe Boutiquen

Zurück zur Oxford Street. **That Store** 8 (132 Oxford St.) heißt die nächste Adresse. Dort gibt es hippe Jeanswear namhafter Hersteller wie Bassike, Denim und Diesel. Im **Hussy** 9 (174 Oxford St.), einer minimalistisch ausgestatteten Boutique für elegante Damenkleidung, designed & made in Australia, herrscht exquisite Ungemütlichkeit, mit der man wohl streunende Touristen abhalten will. Eine andere edle Designerboutique, die sich an anspruchsvolle Kundinnen mit goldener Kreditkarte wendet, ist **Alicia Hollen** 10 (240 Oxford St.).

Reichlich Auswahl für *trendy people* beiderlei Geschlechts gibt es im Modeshop **Frat House** 11 (262 Oxford St.). Modebewusste junge Männer kleiden sich bei **tzaR** 12 (274 Oxford St.) für den Partygang auf dem Nightlife-Highway Oxford Street ein. Die passenden Schuhe dazu gibt es ein paar Schritte weiter bei **Asston Shoes** 13 (282 Oxford St.). Ausgefallene Armbänder und Broschen, Anhänger und Ringe, Vasen und Kerzenhalter, ideenreich aus buntem Kunstharz with love in Australia gefertigt, begründen den Ruf von **Dinosaur Designs** 14 (339 Oxford St.) auf der anderen Straßenseite.

Paddington Markets

Highlight des Einkaufsbummels sind die **Paddington Markets** 15. Das auch an ›normalen‹ Tagen recht muntere Straßenleben von Paddington überschlägt sich seit 1973 jeden Samstag, wenn es Tausende Kauf- und Schaulustige zu Sydneys berühmtestem Open-Air-Markt zieht, der zwischen 10 und 16 Uhr den Kirchplatz der St. John's Church in Beschlag nimmt. Schrille Gay-Leder-Mode, trendige Fashion und Retro-Schnickschnack im Stil der 1960er- und 1970er-Jahre inklusive Hüten, Schuhen, Handtaschen und Accessoires, Sonnenbrillen in knalligen Farben oder wuchtige silberne Ringe mit esoterischen Motiven – was immer man sucht, auf den Paddington Markets findet man es.

Öffnungszeiten, Kontakt

Die meisten Geschäfte von ›Paddo‹ haben Mo–Fr 10–18, Sa, So 10–17 Uhr geöffnet.
Ariel Bookshop: Mo–Sa 8.30–22, So 9–20 Uhr, s. auch S. 99.
Astton Shoes: Tel. 02 93 80 68 66, www.astton.com.au.
Barry Stern Gallery: Di–Sa 11–17.30, So 13–17 Uhr, Tel. 02 93 31 46 76.
Berkelouw Booksellers: Tel. 02 93 60 32 00, www.berkelouw.com.au, So–Do 9–23, Fr, Sa 9–24 Uhr.
Dinosaur Designs: Tel. 02 93 61 37 76, www.dinosaurdesigns.com.au.
Hogarth Galleries Aboriginal Art Centres: Tel. 02 93 60 68 39, www.aboriginalartcentres.com, Di–Sa 10–17 Uhr.
Paddington Markets: jeden Sa 10–16 Uhr, www.paddingtonmarkets.com.au.
Rebecca Ruby: Tel. 02 93 61 08 80, www.rebeccaruby.com.au.
Sweet Art: Tel. 02 93 61 66 17, www.sweetart.com.au.

Essen und Trinken

Wer auf der Oxford Street einkauft, legt gern eine Pause in einem der Cafés und Bistros ein, etwa im **Piccadilly Café** 1 (472 Oxford St., Tel. 02 93 31 43 29). Ein fantasievoll zubereiteter Salat und eines der kunstvoll getürmten Sandwiches, die sich nur mit Mühe in den Mund manövrieren lassen, dazu ein Gläschen Wein – fertig ist der kalorienarme, aber schmackhafte Lunch.

Karte: ▶ C 4/5 | **Bus:** 200, 380, 555 und Sydney Explorer

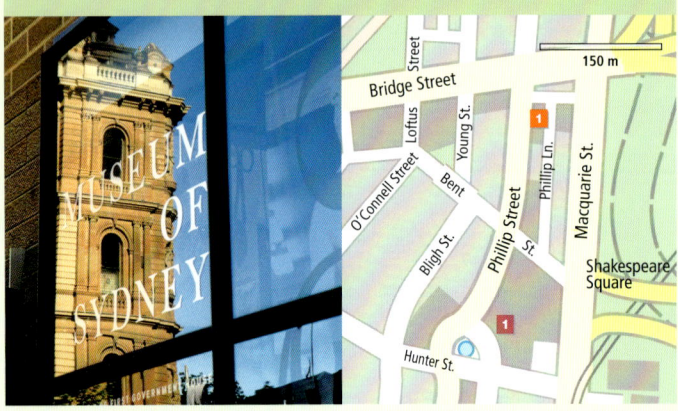

Das der Immigrationsphase zwischen 1788 und 1850 gewidmete, didaktisch exzellent aufgebaute Spezialmuseum dokumentiert nicht nur die frühe Stadtgeschichte, sondern setzt sich auch kritisch mit dem Zusammenprall der Kultur von Aborigines und der ›weißen Zivilisation‹ auseinander.

Symbolträchtig ist die Lage des **Museum of Sydney** 1 : An genau dieser Stelle begegneten sich im Jahre 1788 zum ersten Mal Cadigal, die Ureinwohner der Region, und Engländer. Wenig später ließ Gouverneur Arthur Phillip hier den ersten Regierungssitz der Kolonie errichten. Bis zu seinem Abbruch im Jahre 1846 residierten in diesem Gebäude die ersten neun Gouverneure von New South Wales. In den 1980er-Jahren legte man die Fundamente des Go-

vernment House frei, 1995 wurde das Museum of Sydney eröffnet.

Der Vorplatz

Das vor dem Museum platzierte Kunstwerk **Edge of the Trees** von Janet Laurence und Fiona Foley, eine aus 29 Sandsteinstelen, Stahlsäulen und Holzpfeilern bestehende Installation, symbolisiert den ersten Kontakt zwischen Ureinwohnern und Europäern. Am »Rande der Bäume« standen die Cadigal-Aborigines, als sie beobachteten, wie am 26. Januar 1788 die Schiffe der Ersten Flotte in der Bucht von Sydney vor Anker gingen, und Arthur Phillip mit dem Hissen des Union Jacks formell die erste britische Kolonie auf australischem Boden gründete.

Das Erdgeschoss

Im Glaswürfel, der den Eingang des Museums bildet, können die Besucher dem ergreifenden Gedicht »The Calling to Come« lauschen. Es beruht auf Tagebuchnotizen von William Dawes, dem Astronomen der Ersten Flotte, der Gespräche mit seinem Aboriginal-Begleiter Patye aufzeichnete. Vor der Kasse sieht man durch den verglasten Fußboden die Überreste der Kanalisation des einstigen Government House sowie rechts davon die Rekonstruktion eines Fassadenteils. Das ausdrucksstarke Gemälde im Stil von Jackson Pollock beim Treppenaufgang zeigt Kapitän James Cook, wie er 1770 auf Possession Island den Fünften Kontinent im Namen von König Georg III. für die britische Krone reklamiert.

Der erste Stock

Die Ausstellung im Obergeschoss illustriert die Anfänge der Kolonie New South Wales. So zeigt die **Trade Wall** Waren aus der ersten Hälfte des 19. Jh., mit denen im Hafen von Sydney gehandelt wurde. Ein **Collector's Chest** (Sammlerkommode) genannter Stahlkasten mit Schubläden enthält allerlei Krimskrams aus jenen Jahren. Zu sehen sind auch Modelle der Schiffe der »First Fleet«. Die Installation **»The Ever Memorable 26 January 1808«** beleuchtet einen Aufstand korrupter Offiziere gegen Gouverneur William Bligh, der als »Rum-Rebellion« in die Annalen der Landesgeschichte einging. In der Abteilung **Storylines** wird die Geschichte Sydneys interaktiv per Video- und Computeranimation auf sehr unterhaltsame Weise präsentiert.

Der zweite Stock

In der Themengalerie **Sydney Panorama** dokumentieren Fotos und Texttafeln die Geschichte der Stadt, zudem würdigt die Ausstellung »Sydney Visionairies« bedeutende Persönlichkeiten, die entscheidend zur Entwicklung der Stadt beigetragen haben.

Die Galerie **Cadigal Place** ehrt das Andenken an die Geschichte, die Kultur und den Überlebenskampf der Cadigal. Alltagsgegenstände in Verbindung mit Videofilmen geben einen Einblick in die untergegangene Welt der Ureinwohner. Historische Dokumente beleuchten zudem die Denkweise der ersten europäischen Siedler, die Australien als *terra nullius* betrachteten, als ein Land, das niemandem gehörte, die rücksichtslos mit den Landrechten der Ureinwohner umgingen, weil sie glaubten, jene hätten gar keine.

Während des Rundgangs durch das Museum hat man immer eine riesige, sich über alle drei Etagen ziehende Videowand im Blick. Auf ihr laufen audiovisuelle Vorführungen, die chronologisch die Geschichte der für die australischen Ureinwohner fatal endenden europäischen Kolonisation der *terra australis* aufrollen.

Öffnungszeiten, Eintritt

Museum of Sydney (MOS): Phillip St./Ecke Bridge St., City, Tel. 92 51 59 88, www.hht.net.au, tgl. 9.30–17 Uhr, 10 A-$, Kinder 5 A-$, Familie 20 A-$. Dauer des Rundgangs etwa 2 Std.

Essen und Trinken

42 Stockwerke über der Erde, mit einer unvergleichlichen Aussicht – das **Forty One** 1 im obersten Stock des nur wenige Schritte vom Museum of Sydney entfernten Wolkenkratzers Chifley Tower bietet ›gehobene‹, moderne australische Küche mit französischem und asiatischem Touch: The Chifley Tower, 2 Chifley Square, City, Tel. 92 21 25 00, www.forty-one.com.au, Di–Fr 12–14.30, Mo–Sa 18–21.30 Uhr, 3-Gang-Menü 80 A-$.

8 | Georgianische Architektur – Macquarie Street

Karte: ▶ C/D 4/5 | **Bus:** 200, 380, 555 und Sydney Explorer

Obwohl die City das wichtigste Finanzzentrum des Landes beherbergt und durch moderne Hochhäuser ›manhattanisiert‹ wurde, blieben Stil und Charme der Gründerjahre erhalten. Die prächtigsten georgianischen Baudenkmäler der Stadt reihen sich entlang der Macquarie Street. Einige von ihnen entwarf der geniale Sträflingsarchitekt Francis Greenway.

Macquarie Place Park

Nirgends lässt sich ein Streifzug durch das georgianische Sydney stilvoller beginnen als im **Macquarie Place Park** 1, einem kleinen, von eleganten Kolonialgebäuden gesäumten Stadtpark südlich vom Circular Quay. Hier erhebt sich ein von Francis Greenway (s. u.) entworfener, 1818 errichteter Sandsteinobelisk, der einst als Kilometerstein Null und Bezugspunkt für alle Entfernungs-

angaben in der Kolonie New South Wales diente. Einen Blick sollte man auf das gegenüberliegende **Lands Department Building** 2 werfen, dessen Fassade 48 Skulpturennischen mit den Bildnissen bedeutender Persönlichkeiten der australischen Geschichte aufweist.

Macquarie Street

Ursprünglich war die von Lachlan Macquarie als Zentrum der Stadt konzipierte und nach ihm benannte Straße nur ein staubiger Pfad, der nach jedem Wolkenbruch in schlammiger Wegelosigkeit versank. Heute verleihen prachtvolle Bauwerke im georgianischen Stil der frühen Kolonialepoche – einige von ihnen Greenway-Bauten – dem Boulevard Eleganz und Würde.

Conservatorium of Music

Vom extravaganten Geschmack des damaligen Gouverneurs Lachlan Macquarie zeugt das **Conservatorium of Music** ◼3 zwischen den Royal Botanic Gardens und dem nördlichen Abschnitt der Macquarie Street. In den Jahren 1817–21 ursprünglich als Dienstbotenquartier und Stall für Macquaries edle Rösser errichtet, beherbergt der bizarre Bau, der mit Zinnen, Söllern und Türmen an eine mittelalterliche Ritterburg erinnert, seit Anfang des 20. Jh. eine Musikakademie. Die aufwendige Gestaltung des georgianischen Prunkstücks veranlasste einen königlichen Revisor aus London dazu, einen empörten Brief in das ferne Mutterland zu schicken. Fortan mussten alle Pläne für Bauvorhaben in Sydney erst dem Kolonialminister in London vorgelegt werden.

State Library of New South Wales

Ein Seitenflügel des säulenschweren neoklassizistischen, im Jahre 1906 fertiggestellten Sandsteinkomplexes der **State Library of New South Wales** ◼4 beherbergt mit der Mitchell Library eine einzigartige Sammlung von Büchern, Landkarten, Skizzen und anderen wertvollen Dokumenten aus der frühen Kolonialepoche Australiens. Außerdem bildet das ehrwürdige Gebäude den angemessenen Rahmen für wechselnde Kunstausstellungen, Filmvorführungen und andere kulturelle Veranstaltungen. Im angegliederten Neubau befindet sich eine öffentliche Bibliothek, zu der ein großzügig gestalteter, lichtdurchfluteter Lesesaal gehört.

Sehenswert ist das Bodenmosaik im Foyer des Hauptgebäudes mit einer Darstellung von Abel Tasmans historischer Australienkarte. Vor dem Säulenportal steht eine Statue von Matthew Flinders, der von 1801 bis 1803 Australien umsegelte und damit den Beweis erbrachte, dass es sich bei der riesigen Landmasse um einen Kontinent handelt.

Parliament House

Einige hundert Meter weiter erreicht man das zwischen 1811 und 1816 als Teil des Sydney Hospital im englisch-georgianischen Stil errichtete **Parliament House** ◼5, das seit 1829 den beiden Kammern des Parliament of New South Wales als Tagungsstätte dient. Von der Besuchertribüne kann man die Senatoren oder die Mitglieder des Repräsentantenhauses beim Debattieren beobachten.

Sydney Hospital

Das viktorianische Sandsteingebäude des **Sydney Hospital** ◼6 mit der imposanten Empfangstreppe wurde 1894 vollendet. Vor dem Portal wacht ›Il Porcellino‹, eine Kopie der berühmten florentinischen Brunnenskulptur. Wie der Bronze-Keiler am Mercato Nuovo in Florenz soll der australische Doppelgänger demjenigen Glück bringen, der seine Schnauze streichelt. Weil die Kolonial-

Übrigens: Noch vor wenigen Jahren war auf den australischen Zehn-Dollar-Noten das Konterfei von Francis Greenway zu sehen – der bedeutendste Architekt in der Gründerzeit der Strafkolonie. Sie waren vermutlich die einzigen Geldscheine der Welt, die das Porträt eines überführten Betrügers zeigten. Francis Greenway (1777–1837) wurde 1814 zu 14 Jahren Verbannung verurteilt und nach Australien deportiert, weil er einen Vertrag manipuliert hatte. Zum Glück für die Kolonie erkannte der damalige Gouverneur Lachlan Macquarie Greenways Talent und machte ihn 1816 zum Stadtbaumeister. Nach Greenways Plänen entstanden über 40 Bauwerke, unter ihnen die prächtigsten georgianischen Baudenkmäler von Sydney.

verwaltung das erste Krankenhaus von Sydney mit den Profiten aus dem Rumhandel finanzierte, erhielt es den Beinamen ›Rum Hospital‹.

Old Mint Building

Im **Old Mint Building** ⑦ befand sich von 1855 bis 1927 die erste Dependance der Königlichen Münzprägeanstalt außerhalb von London. Zu sehen ist eine alte, einst dampfbetriebene Prägemaschine. Heute residiert in dem Sandsteingebäude mit zweistöckigen Veranden das Amt für Denkmalpflege.

Hyde Park Barracks

Die wohl schönsten Gebäude im georgianischen Stil gruppieren sich um den Queens Square am südlichen Ende der Macquarie Street. Als Francis Greenways Meisterstück gelten die zwischen 1817 und 1819 errichteten **Hyde Park Barracks** ⑧, die sich mit ihrer klaren Linienführung in schlichter Eleganz präsentieren. Einst diente das Gebäude der Unterbringung von bis zu 800 Häftlingen, bevor Waisenkinder und mittellose Immigrantinnen dort ihre erste Bleibe fanden. Später fungierte es als Gerichtshof und Sitz verschiedener Behörden.

Seit einer Generalsanierung in den 1980er-Jahren ist in den Hyde Park Barracks ein didaktisch exzellent aufgebautes Museum zur Sozialgeschichte von Sydney und New South Wales untergebracht. Die **Greenway Gallery** im Erdgeschoss informiert über das Wirken des Sträflingsarchitekten. Im ersten Stock sind Ausgrabungsfunde wie alte Pfeifen, Münzen, Textilreste und vieles mehr ausgestellt. Am beeindruckendsten aber ist der restaurierte Schlafsaal im zweiten Obergeschoss. Besucher können sich hier in eine Hängematte legen und sich – der aus versteckten Lautsprechern dringenden Wisper-Unterhaltung der Häftlinge lauschend – in eine längste vergangene Epoche entführen lassen.

Weitere Greenway-Bauten

Kreativität und Können von Francis Greenway offenbaren sich auch in der gleich gegenüberliegenden **St. James**

Kleinod inmitten moderner Büroarchitektur: die von Greenway gestaltete St. James Church

Church . Ursprünglich als Gerichtsgebäude geplant, musste Greenway 1820 seine Entwürfe umändern. Obwohl er sich mit Widerwillen an die Arbeit machte, schuf Greenway dennoch ein Gotteshaus von schlichter Schönheit. Eingeweiht wurde Sydneys älteste Kirche 1824 von dem Geistlichen Samuel Marsden, dem sein hartes Regiment in seiner Amtsära als Friedensrichter den Beinamen ›Prügelpfaffe‹ einbrachte. Vorwiegend aus dem 20. Jh.

stammen die Buntglasfenster, welche die Elemente Erde, Luft, Feuer und Wasser symbolisieren.

Komplettiert wird das Ensemble der Greenway-Bauten am Queens Square, dem unteren Ende der Macquarie Street, durch das nach achtjähriger Bauzeit 1828 fertiggestellten **Old Supreme Court Building** . In einer Ecke des Hyde Park versteckt sich die **St. Marys Catholic Chapel** , ein anderes Meisterwerk von Greenway.

Tour-Info
Länge/Dauer: 1,5–2 km/ 2–3 Std.

Öffnungszeiten, Eintritt
Conservatorium of Music: www.music.usyd.edu.au, tgl. 8–18 Uhr, zugänglich ist nur das Foyer.
State Library of New South Wales: Eingang am Shakespeare Place, Tel. 02 92 73 14 14, www.sl.nsw.gov.au, Mo–Do 9–20, Fr 9–17, Sa, So, feiertags 10–17 Uhr, Eintritt frei.
Parliament House: Tel. 02 92 30 21 11, www.parliament.nsw.gov.au, Mo–Fr 9.30–16 Uhr (an sitzungsfreien Tagen), Eintritt frei.
Old Mint Building: 10 Macquarie St., Tel. 02 82 39 22 88, www.hht.net.au, Mo–Fr 9–17 Uhr, Eintritt frei.
Hyde Park Barracks: Tel. 02 82 39 23 11, www.hht.net.au, tgl. 9.30–17 Uhr, 10 A-$, Kinder 5 A-$, Familie 20 A-$.
St. James Church: 173 King St., Tel. 02 82 27 13 00, www.sjks.org.au, Mo–Fr 10–16, Sa 9–13, So 7.30–16, Führungen kostenlos Mo–Fr 14.30 Uhr.

Snack-Stopp
Eine gute Adresse für eine Pause ist der **Martin Place** . In den kleinen Take-away-Lokalen im Untergeschoss des Bahnhofs am Martin Place kann man sich mit Essbarem versorgen. Auf

dem Platz treten an Wochentagen in der Mittagszeit Musiker, Artisten, Pantomimen und andere Straßenkünstler vor einem großen, mit Lunchtüten bepackten Publikum auf.

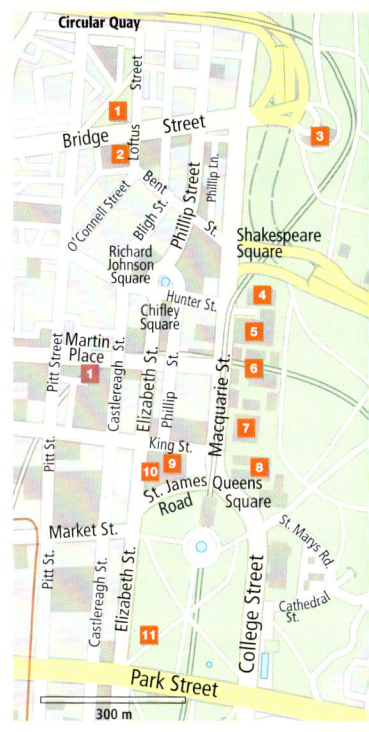

Karte: ▶ D 5 | **Bus:** 200, 555, X99 und Sydney Explorer

In dem mit seinem imposanten Säulenportal majestätisch wirkenden neoklassizistischen Sandsteinbau wird auf fünf Ebenen eine ebenso exquisite wie kontrastreiche Sammlung australischer, asiatischer und europäischer Kunst präsentiert. Die Yiribana Gallery im Untergeschoss ist die weltweit größte der Kunst und Kultur der Aborigines gewidmete Galerie.

Australische Kunst

Im Erdgeschoss der 1897 mit einer ersten Ausstellung eröffneten **Art Gallery of New South Wales** 1 zeigt die Abteilung Australische Kunst einen bunten Querschnitt der ›weißen‹ australischen Malerei. Im rechten Flügel mit der Abteilung »19. Jahrhundert Australisch« reicht das Spektrum von den idealisierenden Werken früher australischer Maler, die noch europäische Stilrichtungen kopierten, bis zu Arbeiten australischer Impressionisten, die aus der sog. »Heidelberg School« hervorgingen und die einen völlig neuen, eigenständigen Bildtypus schufen.

Die früher als eher konservativ geltende Art Gallery besitzt inzwischen auch eine der besten Sammlungen moderner Kunst von weißen Australiern, die in der Galerie »20. Jahrhundert Australisch« im linken Flügel gezeigt wird. Zu sehen sind u. a. Werke von Arthur Boyd, Russell Drysdale, Donald Friend, Albert Tucker und anderen, die mit der naturalistischen Tradition brachen. Eine kleine Galerie würdigt das Werk von Sidney Nolan, der sich sozialkritischen Themen zuwandte und so die australische Kunstszene revolutionierte.

Europäische Kunst

Im rechten Flügel des Parterres befinden sich auch die Galerien »15.–18. Jahrhundert Europäisch« und «19.–20. Jahrhundert Europäisch«. In der vielfältigen Sammlung europäischer Kunst sind alte Meister wie Peter Paul Rubens ebenso zu sehen wie Paul Cézanne, Vincent van Gogh und Claude Monet.

Die asiatischen Galerien

Einen hervorragenden Überblick über Kunst und Kultur mehrerer asiatischer Länder gibt die vorzügliche Asienabteilung, die im hinteren Trakt zwei Stockwerke einnimmt. Zu den Exponaten im Parterre gehören Gemälde und Zeichnungen, Skulpturen und Keramiken aus verschiedenen Epochen. Die Galerie mit chinesischer Kunst im ersten Untergeschoss dokumentiert 7000 Jahre künstlerischer Entwicklung im Reich der Mitte.

Zeitgenössische internationale Kunst

Aus der Sammlung »Internationale Kunst des 20. und 21. Jahrhunderts« im zweiten Untergeschoss ragen Werke von Max Beckmann, Ernst Ludwig Kirchner und Pablo Picasso heraus. Vertreten sind auch die Avantgardisten David Hockney und Anselm Kiefer. Der Study Room ist experimentellen Installationen vorbehalten.

Übrigens: Auf dem 45- bis 60-minütigen Rundgang »Director's Choice« kommentiert der Direktor der Art Gallery, Edmund Capon, seine persönlichen Highlights der Kunstsammlung. Für diese und andere Audio-Tours kann man am Infoschalter für 5 A-\$ einen iPod und Kopfhörer mieten.

Die Yiribana Gallery

Einen dominierenden Platz nimmt die Kunst der Aborigines und Inselvölker der Torres Strait ein. In der Galerie im dritten Untergeschoss sind mit natürlichen Pigmenten ausgeführte Rindenmalereien ebenso zu sehen wie Werke moderner Aboriginal-Künstler, die herkömmliche Stilarten mit neuen Techniken verbinden. Wichtigste Stilrichtung ist eine Art Pointillismus aus Kreisen, Punkten und Linien von tiefem Symbolgehalt. Fast jedes dieser Gemälde erzählt eine Episode aus der Traumzeit, als mythische Schöpferwesen auf Wanderungen durch die Weiten des australischen Kontinents alles erschufen, was es auf der Welt gibt.

Beachtung verdienen auch die bis zu 6 m hohen, mit Ornamenten verzierten Pukamani-Totempfähle der Aborigines vom Volk der Tiwi, das auf Bathurst Island und Melville Island vor der nordaustralischen Küste lebt.

Öffnungszeiten, Eintritt

Art Gallery of New South Wales: Art Gallery Rd., The Domain, Tel. 02 92 25 17 44, www.artgallery.nsw.gov.au, tgl. 10–17 Uhr, Mi bis 21 Uhr, Eintritt frei, Sonderausstellungen und -veranstaltungen gebührenpflichtig. Im **Domain Theatre** im dritten Untergeschoss kann man Di–Fr von 12 bis 13 Uhr Didgeridoo-Musik lauschen.

Lunch-Stopp

Das Restaurant **The Art of Dining** 1 im Parterre ist bekannt für seine innovative Küche (Tel. 02 92 37 17 69, tgl. 12–16 Uhr, Hauptgerichte 25–32 A-\$). Einen schönen Blick auf die Woolloomooloo Finger Wharf, eine luxussanierte Werft- und Speicheranlage, bietet die Terrasse des **Art Cafés** 2 (tgl. 10–16.30, Mi 10–20.30 Uhr).

10 | Sydneys Nobelboulevard – George Street

Karte: ▶ C 4–6 | **Bus:** die meisten Stadtlinien und Sydney Explorer

An der George Street, dem Rückgrat der City, mischen sich australisch-unkonventionell die Stile. Schmuckstücke alter viktorianischer Baukunst wie die Town Hall mit ihren Löwenköpfen und das Queen Victoria Building mit gusseisernen Geländern und Buntglasscheiben werden von hypermodernen Glas- und Betonriesen überragt.

Spiegelbild des wirtschaftlichen Aufstiegs

In den Anfängen der Kolonie säumten strohgedeckte Lehmhütten die George Street. Als Mitte des 19. Jh. der Goldrausch Arbeit und Wohlstand brachte, entstanden an dem Boulevard viktorianische Prachtbauten. Sie spiegeln die Ästhetik einer Zeit wider, welche die glatten Linien der klassizistischen Architektur sowie die Verspieltheit barocker Elemente schätzte. Ab Mitte der 1950er-Jahre hielt die moderne Baukunst mit den Glasfronten der Stahl-Beton-Giganten Einzug in die City. So wurde zwischen 1961 und 1967 an der Lower George Street mit dem runden **Australia Square Building** **1** einer der höchsten Bürotürme der Stadt errichtet.

General Post Office

Viktorianische Pracht entfaltet sich am Martin Place, dominiert von dem zwischen 1866 und 1874 im venezianischen Renaissance-Stil erbauten **General Post Office** **2**. Gekrönt wird das mächtige Bauwerk, das heute einen Entertainment-Komplex mit Bars, Lounges und Restaurants beherbergt, von einem 61 m hohen Glockenturm. Über dem Hauptportal thront unter einem von Engeln ›bewachten‹ Baldachin die englische Königin Victoria (1819–1901). Am Cenotaph, einem Art-déco-Ehrenmal vor dem Gebäude, findet alljährlich am

25. April, dem *Anzac Day,* um 9 Uhr eine Gedenkzeremonie für die in den beiden Weltkriegen gefallenen australischen Soldaten statt.

Strand Arcade
Aus der Zeit der großen Passagenarchitektur des 19. Jh. stammt die **Strand Arcade** 3 zwischen George Street und Pitt Street Mall. Das Prachtexemplar viktorianischer Baukunst, dessen Galerien mit Balustraden aus filigranem Schmiedeeisen und poliertem Edelholz geschmückt sind, bietet nostalgisches Shopping-Vergnügen in exklusiven Schmuckboutiquen und den Shops von australischen Topdesignern wie Akira Isogawa, Alex Perry, Jayson Brunsdon und Lisa Ho.

Sydney Tower
Wenige Schritte entfernt von der Kreuzung der George Street/Market Street ragt der **Sydney Tower** 4 in den Himmel. Gerade einmal 40 Sekunden benötigen die drei Hochgeschwindigkeitsaufzüge, um die Passagiere zur Aussichtsplattform oder zu den beiden Restaurants des mit knapp 305 m Höhe zweithöchsten Bauwerks der südlichen Hemisphäre hinaufzubefördern. Von dort kann man sich einen ausgezeichneten Gesamteindruck von der Stadt verschaffen und einen Panoramablick genießen, der an klaren Tagen bis zu den fast 100 km westlich aus der Küstenebene aufsteigenden Blue Mountains reicht. Im Eintrittspreis enthalten ist ein Besuch des Kinos Oztrek, das zu einer virtuellen Reise durch den Fünften Kontinent einlädt.

Queen Victoria Building
Das hochglanzrenovierte majestätische **Queen Victoria Building** 5, das 1898 anlässlich der Feierlichkeiten zu Königin Victorias goldenem Krönungs-

Übrigens: Der Sydney Tower ermöglicht eine spannende Variante, die Stadt von oben zu betrachten. Wer schwindelfrei ist, kann während einer 95-minütigen Kletterpartie am Sicherungsseil an der Außenseite des Aussichtsdecks 260 m über dem Erdboden Sydney aus der Vogelperspektive betrachten. Informationen und Buchung: Sydney Tower Skywalk, Tel. 93 33 92 22, www.skywalk.com.au, tgl. 9–20.30, Sa bis 21.30 Uhr, 65 A-$, Kinder (Mindestalter 10 Jahre) 40 A-$ (inkl. Eintrittspreis für das Observation Deck).

jubiläum errichtet wurde, bietet heute das nostalgische Ambiente für einen noblen Bummel durch fast 200 elegante Geschäfte und Boutiquen. Kaum zu glauben, dass sich in diesem Prunkstück viktorianischer Baukunst, das Pierre Cardin zum »schönsten Einkaufszentrum der Welt« erklärte, ursprünglich der Großmarkt von Sydney befand.

Auffallend sind die Fassade im neobyzantinischen Stil sowie die das Dach des Sandsteingebäudes krönende 35 m hohe kupferne Hauptkuppel und ihre 20 Nebenkuppeln. Die Queen-Victoria-Statue vor dem Südportal stand ursprünglich vor dem irischen Parlament in Dublin, bevor sie 1983 nach Sydney gebracht wurde.

Sydney Town Hall
An das Queen Victoria Building schließt sich der Sydney Square mit zwei weiteren viktorianischen Bauwerken an. Als ein Synonym für Stil und Eleganz gilt die **Sydney Town Hall** 6 aus dem Jahr 1868. Weil sich hier mehrere Architekten gegenseitig zu übertrumpfen versuchten, präsentiert sich das Rathaus als perfektes Beispiel viktorianischer Baukunst der Stadt. Heute finden in ei-

Zwischen Tradition und Moderne: Sydney Tower und Queen Victoria Building spiegeln sich in der Fassade eines modernen Bürokomplexes

nigen Sälen des Sandsteingebäudes regelmäßig kulturelle Veranstaltungen statt. Einen gediegenen Rahmen für klassische Konzerte bildet die wegen ihrer überwältigenden Akustik gerühmte Centennial Hall, in der sich eine der größten Orgeln der Welt mit über 8500 Pfeifen befindet. Ein witziges architektonisches Detail versteckt sich in der von steinernen Löwenköpfen geschmückten Fassade: Einer der Löwen am Hauptportal hat ein geschlossenes Auge. Damit karikierten die Steinmetze ihren Vorarbeiter, der bei seinen Kontrollen immer ein Auge zukniff, um die Ausführung der Arbeiten besser beurteilen zu können.

St. Andrews Cathedral

Erst ein halbes Jahrhundert nach der Grundsteinlegung im Jahre 1819 erfolgte die Einweihung der anglikanischen **St. Andrews Cathedral** **7**, die als Meisterwerk von Edmund Blacket, dem berühmtesten Kirchenarchitekten des kolonialen Australiens, gilt. Im In-

Übrigens: In der Mittagszeit erklingen die Orgeln in der Sydney Town Hall und in der benachbarten St. Andrews Cathedral zu einem halbstündigen Konzert.

nern des neogotischen Gemäuers überraschen kunstvolles zeitgenössisches Inventar und das Licht sanft filternde Buntglasfenster sowie ein kleines Kirchenmuseum mit liturgischen Objekten der ersten Siedler. Prunkstück des Kirchenschatzes ist eine Bibel aus dem Jahre 1539.

Tour-Info
Länge/Dauer: 2 km/2–3 Std.

Öffnungszeiten, Eintritt
Sydney Tower: Market St., Ecke Castlereagh St., City, Tel. 02 93 33 92 22, www.sydneytower.com.au, tgl. 9–22.30 Uhr, 25 A-$, Kinder 15 A-$, Familien 65 A-$.
St. Andrews Cathedral: George St., Ecke Bathurst St., City, Mo–Fr 7.30–17.30, So 7.30–20 Uhr, kostenlose Führungen Mo–Fr 11, 14, So 12 Uhr.

Einkaufen
Strand Arcade: 412–416 George St., City, Tel. 02 92 32 41 99, www.strand arcade.com.au, Bahn: City Circle bis Town Hall, Mo–Mi, Fr 9–17.30, Do 9–20, Sa 9–16, So 11–16 Uhr.
Queen Victoria Building: 455 George St., City, Tel. 02 92 64 92 09, www.qvb.com.au, Bus: alle George-Street-Linien und Sydney Explorer, Mo–Mi 9–18, Do 9–21, Fr, Sa 9–18, So 11–17 Uhr, 45-minütige Führungen Di, Do, Sa 11.30 Uhr, 15 A-$.

Essen und Trinken
Falls Sie am späteren Nachmittag unterwegs sind, könnten Sie die Tour für einen Drink in der ab 15/16 Uhr geöffneten **Marble Bar** 1 im Basement des gegenüber dem Queen Victoria Building gelegenen Sydney Hilton unterbrechen. Die Traditionsbar ist eine viel bestaunte Sehenswürdigkeit. 1968 retteten engagierte Sydneysiders dieses Juwel aus Spiegeln, Marmor und Walnussholz aus dem zum Abbruch freigegebenen, 1893 erbauten Tattersall Hotel. Die holzvertäfelten Wände schmücken 18 Bildnisse von Playgirls des 19. Jh. Barkeeper Andrew ist nicht nur für die zahlreichen Kreativcocktails zuständig, er weiß auch Interessantes über die Historie der Bar zu berichten. Mi–Sa abends Livemusik. Während der *happy hour* (17–19 Uhr) gibt es alle Getränke zum halben Preis (Sydney Hilton, 259 Pitt St., Eingang George St., City, Tel. 02 92 66 20 00, www.marble barsydney.com.au, Bahn: City Circle bis Town Hall, Mo–Do 16–0.30, Fr, Sa 15–2, So 16–0.30 Uhr).

11 | Ein Fest für die Sinne – Chinatown

Karte: ▶ B 7 | **Bus:** 200, 555, Sydney Explorer; **Bahn:** City Circle, Haltestelle Central

Der Dreh- und Angelpunkt asiatischen Lebens in Sydney! Bei einem Bummel durch dieses am Südsaum der City gelegene Viertel mit seinen bunten Geschäften, dem exotischen Lebensmittelangebot und asiatischen Sprachengewirr wähnt man sich für einen Moment in Hongkong, Jakarta, Bangkok oder Hanoi.

Prachtvoll verzierte, von Steinlöwen flankierte Pagodentore weisen den Weg zur Chinatown in der Dixon Street Mall. Doch die Fußgängerzone zwischen den bunten Torbögen ist nur der kleine, touristische Teil der Chinatown, die hier ab Mitte des 19. Jh. um den einstigen Heumarkt entstand, als der Goldrausch viele Chinesen nach Australien lockte. Die umliegenden schmalen Straßen wie Sussex, Hay und Little Hay Street sind mindestens so wuselig, oft interessanter und bilden einen angenehmen Kontrast zum nüchternen Ambiente des Business District. Wo früher einmal Bordelle und Opiumhöhlen standen, laden heute ausgezeichnete Restaurants zu einem kulinarischen Streifzug durch das Reich der Mitte und andere asiatische Länder ein.

Die Küchen Asiens

In den Straßen und Einkaufszentren der Chinatown drängen sich gut 100 Restaurants. Das Spektrum reicht von traditioneller kantonesischer Küche über Spezialitäten Nordchinas bis zu Delikatessen aus Indonesien, Malaysia, Thailand, Vietnam, Japan und Korea. Am lebendigsten ist das Viertel an Sonntagvormittagen, wenn viele Lokale Treff für traditionelle Yum-Cha-Essen sind. Dies ist die australische Variante der Dim-Sum-Häppchen: Teigbällchen mit verschiedenen Füllungen, Miniatur-Frühlingsrollen, gedünstete Gemüsetaschen, knusprige Fleischbällchen, Fischfiletstücke und vielerlei andere Köstlichkeiten.

Exotisches Warenangebot

Die meisten Besucher kommen zum Essen nach Chinatown, doch es gibt mehr zu entdecken. So kann man stundenlang in den vielen, kleinen Läden stöbern oder durch Supermärkte streifen, deren Sortiment asiatische Lebensmittel ebenso wie bestickte Seidenpantoffeln, lackierte Papierschirme und Computerspiele umfasst. Oder man geht in eine der exotischen Apotheken, die Heilpflanzen, Kräuter und andere Mittel aus dem Repertoire der chinesischen Naturheilkunde feilbieten.

Mit 600 Ständen ist der **Paddy's Market** 1 , ein traditionsreicher Indoor-Markt, ein ideales Revier für Sammler und Schnäppchenjäger. Hier gibt es nichts, was es nicht gibt. Der angeschlossene Gemüsemarkt ist ein asiatischer Markt wie aus dem Bilderbuch.

Zauberhafte Oase

Außerhalb der Chinatown, am Südrand von Darling Harbour, liegt der zauberhafte **Garden of Friendship** 2 . Im chinesischen Garten der Freundschaft mit Lotosteichen, Wasserfällen und Pagoden genießt man bei einer Tasse Tee auf der Terrasse des Tea House fernöstliches Flair. Angelegt wurde dieser größte chinesische Garten außerhalb der Volksrepublik China von Gärtnern aus Guangzhou (Kanton), Sydneys chinesischer Partnerstadt.

Infos im Internet
www.chinatown.com.au

Öffnungszeiten, Eintritt
Paddy's Market: Groundfloor, Market City, Hay St./Ecke Thomas St., Tel. 02 13 00 36 15 89, www.paddysmarkets.com.au, Mi–So 9–17 Uhr.
Garden of Friendship: Darling Harbour, Tel. 02 92 40 88 88, www.chinesegarden.com.au, tgl. 9.30–17.30 Uhr, 6 A-$, Kinder 3 A-$, Familien 15 A-$.

Essen und Trinken
Ohne viel Aufhebens wird im **Food Court** 1 ein Querschnitt der Küchen Asiens geboten. Alles frisch zubereitet – die Suppen, die vegetarischen Gerichte, die Currys. Dazu eine lebhafte Atmosphäre wie auf einem asiatischen Nachtmarkt (Basement Dixon House, 80 Dixon St., tgl. 10.30–20.30 Uhr, Gerichte ab 7,50 A-$).

Auf Dim Sum ist das riesige Restaurant **Marigold** 2 spezialisiert; sonntags muss man dort mit langen Wartezeiten rechnen (Level 5, Citymark Centre, 683–689 George St., Tel. 02 92 81 33 88, www.marigold.com.au, tgl. 10–15, 17.30–21 Uhr, Dim-Sum-Degustation 25 A-$ pro Pers.).
Ein guter Platz, um das Straßenleben zu beobachten, ist das halboffene Lokal **Mother Chu's** 3 , in dem man zu moderaten Preisen ausgezeichnete taiwanesische Gerichte serviert (Shop 1–4, 86–88 Dixon St., Tel. 02 92 11 02 88, tgl. 8.30–20.30 Uhr, Gerichte 4–12 A-$).
In dem etwas versteckt liegenden Lokal **Red Chilli** 4 wird vorwiegend à la Hunan und Szechuan gekocht, also in den würzigeren Küchenstilen Chinas (Shop 3/51, Dixon St., Tel. 02 92 11 81 22, tgl. 11.30–14.30, 17–22.30 Uhr, Hauptgerichte 18,50–34 A-$).

Karte: ▶ B 6 | **Bahn:** Monorail ab City und Light Rail ab Central Station bis
Paddy's Market; **Schiff:** Hafenfähre ab Circular Quay Pier 5

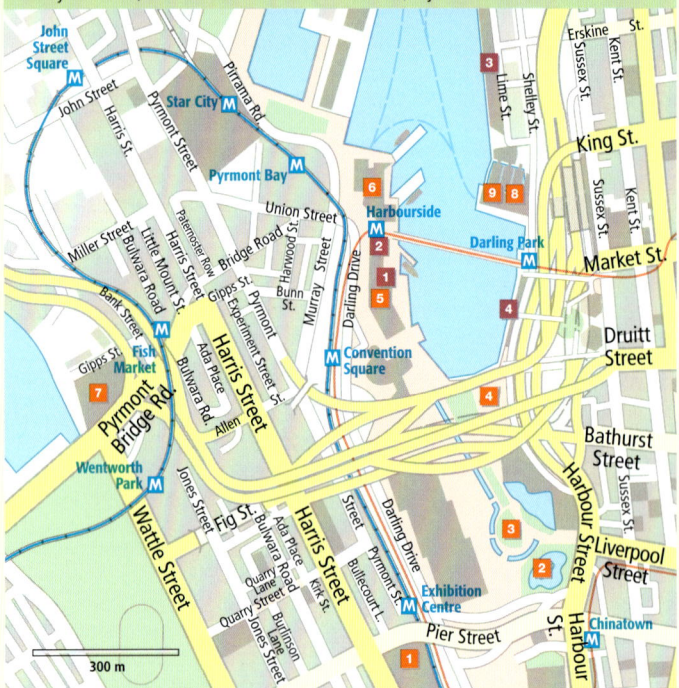

Noch Anfang der 1980er-Jahre
erstreckte sich im Westen der
Chinatown ein schmuddeliges
Hafenareal. Heute präsentiert
sich Darling Harbour als ein ge-
styltes Stück Sydney. Mit Millio-
nenaufwand hat man den einstigen Hinterhof der City in einen
schillernden Komplex mit Restaurants und Läden sowie einem
reichen Kultur- und Freizeitange-
bot verwandelt.

Im 19. Jh. war dieses nach Ralph Darling, dem siebten Gouverneur der Kolonie New South Wales, benannte Hafenviertel das Zentrum der wirtschaftlichen
Blüte Australiens. Mit dem Aufkommen
der Container-Schifffahrt verlor der em-
sige Exporthafen für Wolle und Getrei-
de an Bedeutung und verkam zum
schmuddeligen Hinterhof der City mit
verwaisten Kais, vergammelten Lagerhallen und rostenden Brücken. Anlässlich der 200-Jahr-Feier 1988 wurde die

Industriebrache in einen 60 ha großen Freizeitkomplex mit blitzenden Häuserfassaden, Hunderten von Boutiquen, Galerien, Souvenirshops und Restaurants sowie interessanten Museen und Tierparks umgestaltet. Lediglich restaurierte Schiffe erinnern noch an die Zeiten, als das Hafenviertel den Beinamen ›Höllenloch des Südpazifik‹ trug.

Powerhouse Museum

Ein Besuchermagnet ist das **Powerhouse Museum** 1 . Der verschachtelte Ziegelsteinkomplex des ehemaligen Dampfkraftwerks, das einst Sydneys elektrische Straßenbahn betrieb, präsentiert auf vier Etagen fast zwei Dutzend Ausstellungen zu den Themenkreisen Naturwissenschaft, Technologie, angewandte Künste und Sozialgeschichte.

Da all dies per Computeranimation, interaktiven Displays und Video fantasievoll dargestellt wird und es zudem überall Knöpfe zu drücken und Hebel zu bewegen gibt, ist dieses Museum ein beliebter ›Abenteuerspielplatz‹ für alle Lernlustigen, die Forschung gern mit Spaß und Unterhaltung verbinden und sich der Hochtechnologie am liebsten durch Ausprobieren und Anfassen annähern.

Tumbalong Park und LG IMAX Theatre

Vorbei am chinesischen **Garden of Friendship** 2 (s. S. 59), vor dem sich das 46 m hohe Riesenrad **Sky View** mit verglasten Gondeln dreht, kommt man zum **Tumbalong Park** 3 mit Grünflächen und Springbrunnen. Der gegenüberliegende Gebäudekomplex beherbergt das Sydney Convention & Exhibition Centre. Das **LG IMAX Theatre** 4 hinter dem Sydney Visitor Centre verspricht ein atemberaubendes Kinoerlebnis: gestochen scharfe Bilder und

zehnmal größer als in einem herkömmlichen Kino auf der größten Leinwand der Welt.

Einige der hier präsentierten etwa 50 Minuten dauernden Dokumentarfilme kann man mithilfe einer speziellen Brille auch in 3D genießen.

Australian National Maritime Museum

Vor dem futuristischen Laden- und Restaurantkomplex **Harbourside** 5 im Zentrum von Darling Harbour hat die ›South Steyne‹ in der Cockle Bay ihren letzten Ankerplatz gefunden. Einst verkehrte das Dampfschiff zwischen Sydney und dem Strandvorort Manly.

Das **Australian National Maritime Museum** 6 veranschaulicht mit einer großen Fülle an Exponaten, Schautafeln und audiovisuellen Hilfsmitteln die Seefahrtsgeschichte Australiens von der vorkolonialen Zeit bis heute. Mit der seefahrerischen Tradition der Torres-Strait-Insulaner beginnend, spannt sich der historische Bogen weiter zu den Entdeckungsreisen von James Cook und anderen europäischen Seefahrern. Thematisiert werden zudem auch die oft beschwerlichen Seereisen, die nach dem Zweiten Weltkrieg Hunderttausende von europäischen Flüchtlingen und Auswanderern in Kauf genommen haben, um in das ›gelobte Land‹ am anderen Ende der Welt zu gelangen. Am Kai im Freigelände liegt die Museumsflotte vor Anker.

Sydney Fish Market

Ein zehnminütiger Spaziergang führt vom National Maritime Museum zum **Sydney Fish Market** **7**, dem angeblich größten Fischmarkt der südlichen Hemisphäre, wo man an Wochentagen in den frühen Morgenstunden die lautstarken Auktionen beobachten und danach fangfrisches Seafood am Pier des Fischereihafens genießen kann.

Sydney Aquarium

Die Pyrmont Bridge, eine drehbare Fußgängerbrücke, die sich für ein- und auslaufende Schiffe öffnen lässt, führt vom National Maritime Museum zum **Sydney Aquarium** **8** auf der anderen Seite des Hafenbeckens. Dort geleitet

Sphärenmusik die Besucher in die bunte Welt der Korallen und Fische. Geboten wird perfektes Infotainment, die unterhaltsamste Art der Wissensvermittlung. Besucher staunen über die einzigartige Vegetation eines Mangrovenhabitats, über die faszinierende Fauna und Flora des Great Barrier Reef und über das vielfältige Leben im Murray-Darling-River-System, dem größten Flussnetz Australiens. In einem Streichelpool dürfen Kinder Seesterne und Muscheln sanft anfassen.

Highlight ist das gewaltige Open-Ocean-Aquarium, wo Haie, Rochen, Dugong-Seekühe und andere Meeresbewohner hautnah an den Besuchern im Plexiglastunnel vorbeiziehen.

Sydney Wildlife World

Gleich neben dem Sydney Aquarium kann man mitten in der Großstadt in der **Sydney Wildlife World** **9** die giftigsten Schlangen und gefährlichsten

Einst das ›Höllenloch des Südpazifiks‹, ist Darling Harbour heute schillernde Ausgehmeile

Spinnen der Welt bestaunen. Zwar macht man dort auch Bekanntschaft mit harmlosen Tieren wie Kängurus und Koalas, doch liegt das Schwergewicht auf eher bizarren Vertretern der australischen Fauna. So sieht man auf dem 2 km langen Weg durch neun Gehege zahlreiche exotische Lebewesen, darunter den Dornteufel, eine mit unzähligen Stacheln recht martialisch aussehende Echse, oder den hundeähnlichen Tasmanischen Teufel, einen nach kleinen Wirbeltieren und Insekten jagenden Raubbeutler.

Infos im Internet
www.darlingharbour.com

Öffnungszeiten und Eintritt
Powerhouse Museum: 500 Harris St., Ultimo, Tel. 02 92 17 01 11, www.powerhousemuseum.com, tgl. 10–17 Uhr, 10 A-$, Kinder 5 A-$, Familie 25 A-$.
Sky View: Mo–Do 12–22, Fr 12–23.30, Sa 10–23.30, So 10–21.30 Uhr, 12 A-$, Kinder 10 A-$, Familie 40 A-$.
LG IMAX Theatre: Southern Promenade, Tel. 02 92 81 33 00 und 02 13 16 20 12 55 (Programmauskunft), www.imax.com.au, So–Do 10–22, Fr, Sa 10–23 Uhr (wechselnde Vorstellungen, Beginn jeweils zur vollen Stunde), ab 19,50 A-$, Kinder ab 14,50 A-$, Familie ab 56 A-$.
Australian National Maritime Museum: Tel. 02 92 98 37 77, www.anmm.gov.au, tgl. 9.30–17, im Jan. bis 18 Uhr, Eintritt frei, Sonderausstellungen und -veranstaltungen gebührenpflichtig.
Sydney Fish Market: Pyrmont Bridge Rd./Bank St., Blackwattle Bay, Pyrmont, Tel. 02 90 04 11 00, www.sydneyfishmarket.com.au, Einzelhandel Mo–Fr 7–16, Lokale Mo–Fr 7–21, Sa, So 9–22 Uhr, Auktionen Mo–Fr ab 5.30 Uhr bis der Tagesfang versteigert ist.
Sydney Aquarium: Tel. 02 82 51 78 00, www.sydneyaquarium.com.au, tgl. 9–20 Uhr, 34,95 A-$, Kinder 17,95 A-$, Familien 85 A-$.

Sydney Wildlife World: Tel. 02 93 33 92 88, www.sydneywildlifeworld.com.au, tgl. 9–17 Uhr, 34,95 A-$ Kinder 17,95 A-$, Familie 85 A-$.

Essen und Trinken
Im Komplex Harbourside (www.harbourside.com.au) locken mehrere hervorragende Seafood-Restaurants, etwa **Jordons** [1] (s. S. 94) und **Blue Fish** [2] (s. S. 94). Wahre ›Schlemmermeilen‹ erstrecken sich gegenüber an der **King Street Wharf** [3] (www.ksw.com.au, s. S. 91) und an der **Cockle Bay Wharf** [4] mit dem malaysischen Kult-Restaurant **Chinta Ria – Temple of Love** (www.cocklebaywharf.com.au, s. S. 97). Viele Restaurants bieten ein *special lunch* zu günstigen Preisen an (ab 15 A-$).
Wer nach einem Bummel durch den Sydney Fish Market auf den Geschmack gekommen ist, kann bei De Costi, Manettas oder in einer anderen Fischhalle für wenige Dollar Sushi- und Sashimi-Happen, *freshly opened Sydney Rock Oysters* (Kenner goutieren sie roh mit ein paar Tropfen Zitrone), marinierten Baby-Oktopus oder andere Delikatessen kaufen, sich im Bottle Shop eine Flasche Weißwein besorgen und dann am Pier mit Blick auf die Fischkutter einen stilvollen Brunch abhalten. Bei Regen weicht man in die Waterfront Arcade aus, wo Sushi Bars und Fish & Chips Shops (auch eine Dependance des berühmten Doyle's on the Beach) auf Gäste warten.

Karte: ▶ östlich von H 8 und Karte 3
Bus: 333, 380, L82, 378 und Bondi and Bay Explorer

**An Sydneys berühmtesten Strand
laden die Brandungswellen des
Pazifiks zum Schwimmen und
Surfen ein. Mit seinen viktorianischen Bauten erinnert Bondi
Beach ein wenig an die engli-
schen Seebäder Blackpool und
Brighton. Von dem mondänen
Glanz ist mittlerweile viel ver-
blasst: Heute ist der Strandvorort das Hedonisten-Mekka der
Schönen und Schrillen, der Surfer
und Sonnenanbeter.**

Ein Zeitgenosse beschrieb den 7 km
vom Zentrum entfernt gelegenen Bondi
Beach Mitte des 19. Jh. als einen
»außergewöhnlich schönen, jungfräuli-
chen Strand, der noch kaum jemals von
eines Menschen Fuß betreten wurde«.
Das änderte sich in den 1880er-Jahren.
Zwar war es damals von Gesetzes
wegen verboten, bei Tag zu baden, doch
erfreute sich Bondi Beach bei den Kolo-

nialherrschaften als Flaniermeile großer
Beliebtheit. Und als man 1902 die prüden Badevorschriften lockerte (s. S. 71),
lockte die Brandung des Pazifiks die
Ausflügler in Massen an. 1911 wurden
die ersten Umkleidekabinen eröffnet. In
den 1930er-Jahren schließlich fand das
Surfbrett seinen Weg aus Hawaii an die
australischen Küsten und Wellenreiten
wurde nicht nur zu einem Volkssport,
sondern zu einer landesweiten Lebens-
philosophie.

Heute gilt das Leben und Treiben an
dieser legendären Sandmeile quasi als
Inbegriff australischer Beachkultur. Auch
in Zeiten hoher Hautkrebsraten ist das
Strandleben am Bondi Beach und anderen Stadtstränden ein unverzichtbarer
Teil des Lifestyles der Sydneysiders. Zu
der hier entstandenen Subkultur gehören die muskelstrotzenden Lebensretter
mit den bunten Badekappen ebenso wie
die bronzefarbenen Fitness-Artisten, die
mit viel Geschick und Körperbeherr-

schung auf hohen Brandungswellen reiten, oder die Lebenskünstler, die in den Strandcafés an der Campbell Parade ihren Cappuccino schlürfen.

Bondi Pavilion
Der Grundstein für den großzügigen **Bondi Pavilion** **1**, in dem sich einst ein Restaurant, ein Ballsaal, Umkleidekabinen und ein türkisches Bad befanden, wurde 1928 gelegt. Heute gibt in einem Teil des viktorianischen Gebäudes das **Marine Discovery Centre** Einblicke in die artenreiche Unterwasserwelt des Südpazifiks, während ein anderer als Bühne für Konzerte, Theater- und Filmvorführungen sowie Kunstausstellungen dient.

Hotel Bondi
Bereits 1920 öffnete das schräg gegenüberliegende **Hotel Bondi** **2** als Nobelherberge seine Pforten und stand lange Zeit einsam am berühmten Strand, der damals noch ›im Busch‹ lag. Der alte Glanz ist längst verblichen, doch ist der von einem Turm gekrönte imposante pinkfarbene Kolonialbau immer noch so bekannt, dass das Management auf ein Namensschild an der Fassade verzichtet. An einem sonnigen Tag ist die Terrasse des Pubs im Erdgeschoss ein ausgezeichneter Platz zum Draußensitzen und Beobachten des *Homo hedonicus sydneysidensis*.

Bondi Icebergs Club
Ebenfalls in den Pioniertagen des australischen Strandlebens wurde 1929 der **Bondi Icebergs Club** **3** am Südende des Bondi Beach gegründet, in dem auch Besucher aus dem Ausland willkommen sind. Hier können all jene, denen der Surf zu heftig ist, ganz entspannt im Bondi Icebergs Pool schwimmen. Zu den Aufnahmebedingungen in den Bondi Icebergs Club gehört es, vier

Übrigens: Der Name Bondi stammt aus der Sprache der einst hier ansässigen Ureinwohner und bedeutet ›Klang tosenden Wassers‹, womit die Aborigines das Rauschen und Donnern der wilden Brandung meinten. An der Aussprache kann man Touristen und Einheimische unterscheiden: Während Besucher in der Regel ›bonn-die‹ mit langem ›i‹ sagen, sprechen die *locals* den Ortsnamen ›bonn-dhai‹ aus.

Jahre lang jeden Sonntag und bei jedem Wetter zu schwimmen. So treffen sich hier zwischen Mai und September sonntagsmorgens um 9.45 Uhr die *Icebergs Swimmers* zum traditionellen Winterschwimmen. Den Auftakt der Saison bildet ein merkwürdig anmutendes Ritual: Am 1. Maisonntag in der Früh springen Hunderte Frauen und Männer freiwillig und gut gelaunt mit Eisblöcken in den Händen in den spektakulär gelegenen Meerwasserpool.

Küstenwanderung nach Bronte
Südlich des in eine Klippe gebauten Freibads beginnt ein 3,5 km langer betonierter Wanderweg, der via Tamarama zum Strand von Bronte führt. Auf steilen Stufen steigt man hinauf zum **Mackenzies Point** **4**, wo man ein Cinemascope-Panorama genießt und tief unten die Wellenartisten bei ihren akrobatischen Ritten auf den Riesenwellen beobachten kann. Weiter geht es über die Mackenzies Bay zum **Tamarama Beach** **5**. An dem umgangssprachlich auch ›Glamourama‹ genannten Strand frönt Sydneys körperbewusste Jugend ihrem Schönheitsideal: sportlich, muskulös und braungebrannt. Wenn man von **Bronte** **6** noch einige hundert Meter weiter läuft, gelangt man zum **Waverley Cemetery** **7**, dem schöns-

ten Friedhof Australiens. Dort fand auch Henry Lawson (1867–1922), der bekannteste Kurzgeschichtenautor Australiens, seine letzte Ruhestätte. Von Bronte kann man mit Bus oder Taxi nach Bondi Beach zurückfahren. Besonders lohnend ist die Klippenwanderung übrigens im November, wenn Bildhauer bei der Ausstellung ›Sculpture by the Sea‹ drei Wochen lang ihre Werke zeigen.

Öffnungszeiten und Eintritt

Marine Discovery Centre: Bondi Pavilion, Tel. 02 93 00 02 42, www.marinediscovery.org.au, Sa, So 10–16.30, Nov. und Schulferien Mi–So 10–16.30 Uhr, 10 A-$, Kinder 5 A-$, Familie 22,50 A-$.
Bondi Icebergs Pool: Bondi Icebergs Club, Tel. 02 91 30 31 20, www.icebergs.com.au, Mo–Mi 6–18.30, Fr 6–18.30, Sa, So 6.30–18.30 Uhr, 5 A-$, Kinder 3 A-$, Familie 13 A-$.

Let's go surfing

Anpaddeln, gleiten, aufstehen, Welle reiten – Surfen kann schon beim Zuschauen süchtig machen und es gibt kaum einen besseren Ort in Australien als Sydney, um diesen Sport zu erlernen. Für Anfänger werden an ungefährlichen Abschnitten der Strände von Bondi und Manly zahlreiche Kurse angeboten (Anfängerkurs 3 x 2 Std. ab 195 A-$). Unterricht und Boardverleih u. a. bei **Let's go surfing** (128 Ramsgate Ave., North Bondi, Tel. 02 93 65 18 00, www.letsgosurfing.com.au, Bus: 333, 380 und Bondi and Bay Explorer) und **Manly Surf School** (42 Pittwater Rd., Manly, Tel. 02 99 77 69 77, www.manlysurfschool.com, Schiff: Jetcat ab Circular Quay Pier 2, Hafenfähre ab Circular Quay Pier 3).

Essen und Trinken

An der langen Strandpromenade Campbell Parade reihen sich zahlreiche recht preisgünstige Restaurants, Bistros und Cafés aneinander. Angenehm zum Drinnen- und Draußensitzen mit Blick auf den Strand ist das **Lamrock Café** [1] an der Campbell Par./Ecke Lamrock Ave. (Tel. 02 93 19 65 69, Mo–Do 9–22, Fr–So 8–23 Uhr, Gerichte 12–22 A-$).
Eine schöne Aussicht bietet sich auch vom Balkon des **Bondi Social Restaurant** [2] am südlichen Strandende (38–48 Campbell Par., Tel. 02 93 65 17 88, Mo–Mi 17–23, Do, Fr 12–23, Sa, So 8–23 Uhr, Gerichte 5–19 A-$). Besucher sind auch im eleganten Clubrestaurant **Icebergs Dining Room** [3] willkommen, in dem leichte italienisch-mediterrane Küche geboten wird (Level 3, 1 Notts Ave., Tel. 02 93 65 90 00, www.idrb.com, Di–So 12–15, 18.30–22 Uhr, Gerichte 36–54 A-$).

14 | Zu Gast bei Känguru & Co. – Taronga Zoo

Karte: ▶ G 1 | **Schiff:** Fähre ab Circular Quay Pier 2, tagsüber alle 30 Min.

Ein Säugetier mit Entenschnabel und Biberschwanz, das im Wasser lebt und Eier legt, die geschlüpften Jungen aber säugt, ein Eisvogel, dessen heisere Rufe wie menschliches Lachen klingen – die australische Tierwelt ist für manche Überraschung gut. Im Taronga Zoo kann man neben Kängurus und Koalas auch exotische Vertreter der australischen Fauna bestaunen.

Die meisten ausländischen Besucher zieht es im **Taronga Zoo,** aufgrund der herrlichen Lage einer der schönsten Tierparks der Welt, zunächst zur Sektion Wild Australia links vom Haupteingang. Erste Station ist dort das **Rainforest Aviary** 1 . In der großen Flugvoliere flattern Regenbogen-Loris, Königspapageien und viele andere farbenprächtige Krummschnäbel. Texttafeln erläutern das symbiotische Zusammenleben von Vögeln und Pflanzen. So saugen die Loris als wahre Feinschmecker mit ihren langen Zungen den Nektar aus den Blüten der Bolwarra-Blumen und verbreiten dabei die Pollen von Pflanze zu Pflanze.

Im Nachttierhaus **Australian Nightlife** 2 leben neben Bandicoots, Bilbies, Opossums, Potoroos und anderen kleinen Beuteltieren auch Echidnas, die als eierlegende Säugetiere zu den kuriosesten Lebewesen des Kontinents zählen. Wegen ihres Stachelpanzers und ihrer kugeligen Gestalt nennt man sie auch Schnabeligel. Besonders spannend zu beobachten ist das Schnabeltier im

Platypus House `3`. Der einzige Verwandte des Schnabeligels ist ein Säugetier, das wie eine Amphibie im Wasser lebt und Eier legt, die geschlüpften Jungen aber säugt. In einer aquariumähnlichen Anlage kann man das scheue Wesen unter Wasser erleben. Damit die Besucher die Schnabeltiere auch in Aktion sehen, werden im Platypus-Gebäude für die nachtaktiven Tiere extra die Tageszeiten geändert: Nachts wird das Licht eingeschaltet, tagsüber abgedunkelt; sogar die Mondphasen werden simuliert.

Gleich nebenan kann man im **Wombat House** `4` den an einen Dachs erinnernden Wombat bestaunen, ein in Erdhöhlen lebendes Nachttier.

Ein paar Schritte weiter beginnt der **Australian Walkabout** `5`, ein kurzer Rundgang durch den australischen Busch, bei dem man Roten Riesenkängurus ebenso begegnet wie ihren zierlichen Vettern, den Wallabies. Zu sehen sind auch Emus, die allen Kreuzworträtsel-Lösern bekannten, bis zu 1,5 m großen Laufvögel.

Im **Tasmanian Devil House** `6` leben hundeähnliche, fleischfressende Beutelteufel, besser bekannt als Tasmanian Devils oder Tasmanische Teufel. Der Aufzucht des nach kleinen Wirbeltieren und Insekten jagenden Raubbeutlers misst man hier große Bedeutung bei, denn die auf der Insel Tasmanien in freier Wildbahn lebenden Beutelteufel werden von einer tödlich verlaufenden, krebsartigen Krankheit bedroht.

Etwas weiter werden Australien-Neulinge in der Abteilung **Backyard to Bush** `7` von heiseren Rufen verwirrt, die menschlichem Lachen ähneln. Dies ist der Kookaburra, mit 45 cm Länge der größte Eisvogel der Welt. Wegen seines eindringlichen ›Gelächters‹ gaben ihm einst deutsche Einwanderer den Namen »Lachender Hans«.

Koala-Gehege

Ein Besuchermagnet ist das **Koala Walkabout** `8` rechts vom Haupteingang. Dort kann man von einem in Baumwipfelhöhe verlaufenden Stelzenpfad Koalas beobachten, die rund 18 Stunden am Tag schlafend in den Astgabeln von Eukalyptusbäumen verbringen, um ihre ölhaltige Leibspeise zu verdauen. Zwar standen die flauschigen Gesellen mit ihren Knopfaugen und Stupsnasen Generationen von Teddys Modell, doch haben ›Koalabären‹ mit echten Bären biologisch nichts gemeinsam. Als waschechte Aussies gehören die Koalas zur Familie der Kletterbeutler. Gefüttert werden die Tiere täglich um 15.30 Uhr.

Reptilienhaus

In der **Reptile World** `9` kann man sich von Klapperschlangen und Kobras, vor allem aber von australischen Schlangen Schauer über den Rücken jagen lassen. Nirgendwo auf der Welt gibt es mehr und giftigere Schlangen als in Australien. Der Kontinent kann mit elf der 15 giftigsten Schlangen der Welt aufwarten. Angeführt wird die Liste von der *Fierce Snake* (Oxyuranus microrepidotur). Ein Biss der weltweit giftigsten Landschlange setzt genügend Gift frei, um 200 000 Mäuse zu töten.

Afrikanische und asiatische Tiere

Nicht übertrieben ist der Slogan ›A zoo with a view‹, denn Besucher und Tiere genießen vom **Giraffen-Gehege** `10` einen Galablick über das glitzernde Wasser des Hafens hinweg auf das Opera House und die City-Skyline. Während des täglichen *giraffe encounter* von 13.45–14.15 Uhr darf man die Giraffen füttern. In der Sektion **African Waterhole** `11` wähnen sich Antilopen, Zebras und Nilpferde in ihrer afrikanischen Heimat. Im **Gorilla Forest** `12` begegnet man mächtigen Silberrücken. Die Stars der Abteilung **Wild Asia** 13 sind die aus Thailand stammenden Elefanten Porntip, Pak Boon, Thong Dee und Daeng Mo. Im großen Meerwasserbecken **Great Southern Oceans** 14 zeigen täglich um 11 und 14 Uhr Seelöwen ihr Können.

Anfahrt, Öffnungszeiten, Eintritt

Am schönsten ist die Anfahrt mit der Hafenfähre ab Circular Quay Pier 2 zum Taronga Zoo (Bradleys Head Rd., Mosman, Tel. 02 99 69 27 77, www. taronga.org.au und www.zoo.nsw. gov.au, tgl. 9–17 Uhr). Im **Sydney Ferries Info Centre** am Circular Quay Pier 4 gibt es einen Zoo-Pass, der die Gebühren für den Zooeintritt und alle Transporte umfasst (48 A-$, Kinder 23,50 A-$, Familie 134 A-$). Von der **Taronga Zoo Wharf** kann man mit einem Bus oder stilvoller mit der Seilbahn ›Sky Safari‹ zum Haupteingang fahren. Man könnte auch 250 m zum unteren Eingang gehen. Es empfiehlt sich aber, die Tour am höher gelegenen Haupteingang zu beginnen, weil man dann angenehm bergab laufen kann.

Tipp: ›Roar 'n' Snore‹

Sprechen Kängurus im Schlaf? Schlafen Emus im Stehen? Diesen Fragen können Besucher des Taronga Zoos nachgehen, denn beim **»Roar 'n' Snore«-Abenteuer** schlafen die Gäste in Zelten direkt neben den Tiergehegen. Geweckt werden sie am nächsten Morgen vom ersten Löwengebrüll, danach können sie den Zoo erkunden. Auskunft und Buchung: Tel. 02 99 69 27 77, www.taronga.org.au, Sept.–Mai mehrmals wöchentlich 18–9 Uhr, 260 A-$, Kinder 185 A-$.

Was Sie noch sehen sollten

Weitere besuchenswerte Tierparks sind **Fairfield City Farm** (s. S. 20), **Featherdale Wildlife Park** (s. S. 20), **Koala Park Sanctuary** (s. S. 20) und **Sydney Wildlife World** (s. S. 63).

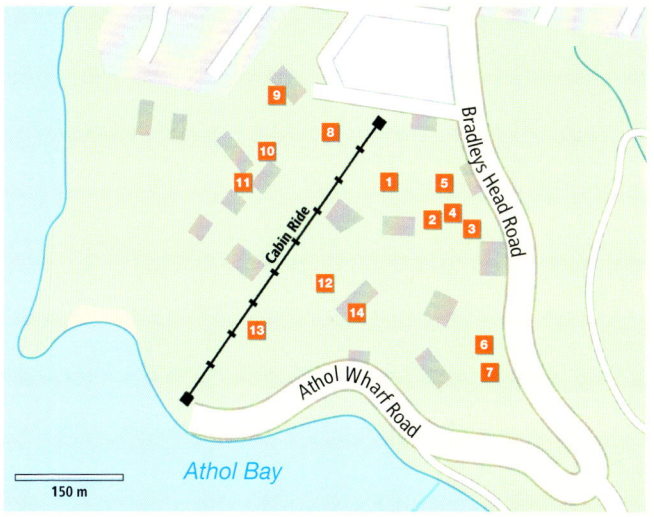

15 | Die schönste kleine Schiffsreise der Welt – Fährfahrt nach Manly

Karte: ▶ nordöstl. von H1 und Karte 3
Schiff: Jetcat ab Circular Quay Pier 2, Hafenfähre ab Circular Quay Pier 3

Eine der schönsten kleinen Schiffsreisen der Welt ist der Ausflug vom Circular Quay zum Seebad Manly am North Harbour des Port Jackson. Der attraktive Naturhafen mit sieben Felseninseln und zahlreichen malerischen Buchten beherbergt eine der weltweit größten Freizeitflotten und verleiht Sydney seine einmalige Schönheit und seinen hohen Freizeitwert.

Pinchgut und Kirribilli

Zum Seebad Manly flitzen zwar auch die Jetcat-Tragflügelboote (ab Pier 2), eindrucksvoller aber ist die Fahrt mit einer ›normalen‹ Hafenfähre (ab Pier 3). Begleitet von Möwen, passiert die Fähre Bennelong Point mit dem Opera House und die kleine Felseninsel Pinchgut mit dem Fort Denison, einst Karzer für widerspenstige Sträflinge. Auf der Kirribilli-Halbinsel erheben sich zwei architekto-

nische Schmuckstücke aus der Kolonialzeit: das Admiralty House aus dem Jahre 1845 und das gleichzeitig erbaute Kirribilli House, der Amtssitz des Premierministers von New South Wales. Nach 35 Minuten legt die Fähre in Manly an.

Manly

»Sieben Meilen von Sydney, aber tausend Meilen von allen Sorgen entfernt« – so lautet ein Bonmot, das auf diesen hübschen und beliebten Strandvorort anspielt. Vor allem an Sommerwochenenden quillt das traditionsreiche Seebad Manly **1** über. Wer dem Strandleben keine Reize abgewinnen kann, flaniert entlang der schattigen Promenade und beobachtet die Surf-Freaks in der oft meterhohen Brandung. Oder man besucht das riesige Meerwasseraquarium **Oceanworld,** etwas außerhalb an der West Esplanade, wo man in die Unterwasserwelt Australiens abtauchen kann. 5 Mio. l Wasser fasst der Tank, in dem

Hunderte von Fischarten Platz finden. Besucher können hier durch einen Tunnel aus Acrylglas schreiten und Stachelrochen und Haie beobachten.

Die Northern Beaches

Zwischen Manly und dem rund 25 km weiter nördlich gelegenen Palm Beach erstrecken sich bei den gleichnamigen ruhigen Vororten einige der schönsten Bade- und Surfstrände in der Nähe von Sydney. Die ersten Ränge in dieser Strand-Hitparade belegen **Dee Why Beach** **2** (Brandungsstrand für Wellenreiter), **Narrabeen Beach** **3** (bewachter Badestrand mit Salzwasser-Pool, beliebt bei Familien), **Newport Beach** **4** (erstklassiger Sandstrand mit Surfclub und Schwimmbad), **Bilgola Beach** **5** (kleiner Bade- und Surfstrand mit Seewasser-Pool), **Avalon Beach** **6** (schöner Brandungsstrand, beliebt bei Surfern), **Whale Beach** **7** (Paradestrand für Wellenreiter) und **Palm Beach** **8** (kilometerlanger Sandstrand mit überwachten Abschnitten und Meerwasserschwimmbad), an dem man die Wahl hat zwischen der wilden Brandung des Pazifiks und den sanften Wellen des ruhigen Meeresarms Pittwater.

Öffnungszeiten, Eintritt

Oceanworld: West Esplanade, Tel. 02 82 51 78 77, www.oceanworld. com.au., tgl. 10–17.30 Uhr, 18,50 A-$, Kinder 9,95 A-$, Familie 45,95 A-$

Transport

Die zwischen Manly und Palm Beach pendelnden Busse 136, 139, 178, L88 und L90 halten an den Strandorten.

Lunch-Stopp

Am **Manly Pier** gibt es gute Imbissstände. Restaurants, Bistros und Cafés säumen die Fußgängerzone **The Corso** und die **Manly Beach Promenade.**

Ursprung der Strandkultur

Es gab eine Zeit in Manly, in der Baden und Schwimmen bei Tag strengstens verboten waren – der Etikette wegen. Im Jahre 1902 wurde dieses Gesetz jedoch gebrochen. William H. Gocher hieß der Übeltäter, der am helllichten Tag ins Wasser sprang. Er wurde zwar prompt verhaftet, aber seine mutige Tat führte dazu, dass man die prüden Badevorschriften lockerte – damit wurde in Manly das australische *beachlife* ›erfunden‹.

Noch mehr Sydney

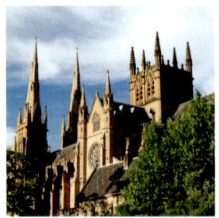

Stadtteile

Balmain ▶ A 3/4
Bus: 432–434, Hafenfähre ab Circular Quay Pier 5
Dieser Vorort mit seinen zahlreichen Sandsteingebäuden und viktorianischen Terrassenhäusern hat sich ein liebenswertes, fast kleinstädtisches Flair bewahrt. Wegen seiner Nähe zum Hafen war Balmain einst ein reines Arbeiterviertel, bevor es sich später zu einem Künstler- und Literatenidyll entwickelte. Obwohl nicht mehr gleichbedeutend mit Avantgarde, gilt Balmain immer noch als Vorort mit der dichtesten Ansammlung kreativer Menschen der Stadt.

Darlinghurst ▶ D 6/7
Bus: 333, 380, L82 ab Circular Quay, 378 ab Central Station und Bondi and Bay Explorer
Das lebendige Viertel mit kosmopolitischem Flair südöstlich der City ist berühmt für seine Cafészene und sein buntes Straßenleben, das vor allem in der Oxford Street pulsiert – der berühmten ›schwulen Meile‹ von Sydney. Alljährlich erbebt das Zentrum der Lesben- und Schwulenszene unter dem Trubel des Sydney Gay & Lesbian Mardi Gras (s. S. 18).

Eastern Suburbs ▶ E 5/6–H 1
Bus: 311, 323, 324, 325, Hafenfähre ab Circular Quay Pier 4
Die illustren Stadtteile östlich der City entlang des Südufers des Port Jackson gelten als feinste und teuerste Adressen der Stadt, Heimstatt der Schönen und Reichen. Den Auftakt bilden Potts Point und Elizabeth Bay mit prächtigen Villen und Herrensitzen aus georgianischer und viktorianischer Zeit. Auch Rushcutters Bay, Darling Point, Double Bay – wegen des exorbitanten Preisniveaus auch ›Double Pay‹ genannt –, Point Piper, Rose Bay und Vaucluse sind solche stillen Villenviertel. Schon aristokratische Siedler der Gründerzeit wussten die Vorzüge dieser herrlichen Wohnlagen zu schätzen. Zu den Eastern Suburbs zählt auch Watsons Bay, das sich den Charme eines Fischerdorfs bewahren konnte. Wegen seiner ausgezeichneten Seafood-Restaurants und der spektakulären Klippenlandschaft am South Head und bei The Gap ist der Vorort ein beliebtes Ausflugsziel.

Glebe ▶ westlich A 6
Bus: 431–434
Urige Kneipen, Restaurants aller Preisklassen, Secondhand-Läden und gut sortierte Buchhandlungen sowie Häuser im viktorianischen Terrace-Baustil mit filigranem schmiedeeisernen Dekor kennzeichnen den im Westen der City gelegenen Stadtteil Glebe. Hier wohnen viele Studenten, denn der ausgedehnte Campus der University of Sydney grenzt gleich südlich an.

Kings Cross ▶ E 6
Bus: 323–325 sowie Sydney Explorer und Bondi and Bay Explorer

Der nur 1 km östlich der City gelegene Stadtteil war einst eine teils vornehme, teils bohèmehafte Wohngegend. Später galt ›The Cross‹ jahrelang als Viertel der schweren Jungs und leichten Mädchen. Heute finden sich zwar noch einige Relikte aus der zwielichtigen Vergangenheit, aber Kings Cross ist weit davon entfernt, ein Sündenpfuhl zu sein. Vielmehr präsentiert es sich mit schönen Restaurants und Bistros sowie preiswerten Hotels und Pensionen für Backpacker als kosmopolitisches In-Viertel jugendlicher Reisender aus aller Welt.

Leichhardt ▶ westlich A 8
Bus: 440, 445, 468
In diesem nach dem deutschen Australien-Forscher Ludwig Leichhardt benannten, südwestlich des Zentrums gelegenen Vorort pulsiert italienisches Leben. Mediterranes Flair vermittelt die Norton Street, Sydneys ›Little Italy‹, wo der Cappuccino kein bisschen schlechter schmeckt als in Mailand oder Rom.

Newtown ▶ westlich A 9
Bus: 422, 423, 426, 428
Dieser etwas vernachlässigt wirkende, vor Lebenslust sprühende Stadtteil ist so etwas wie das ›Kreuzberg Sydneys‹. Entlang der quirligen King Street reihen sich über 120 Restaurants und Kneipen sowie jede Menge kleiner Läden mit oftmals recht skurrilem Warenangebot.

Paddington ▶ E/F 7/8
Bus: 333, 380, L82 ab Circular Quay, 378 ab Central Station und Bondi and Bay Explorer
Der südöstlich an Kings Cross grenzende Stadtteil mit hübschen alten Häusern war einst das Quartier der Künstler- und Bohème-Szene. Natürlich leben hier längst keine armen Künstler mehr, seit sich ›Paddo‹ zu einer bei wohlhabenderen Sydneysiders beliebten Wohngegend entwickelt hat und die Grundstückspreise Kängurusprünge machen. Bei aller Kommerzialisierung fristet die Kunst hier aber keineswegs ein kümmerliches

Port Jackson erleben

Neben den preiswerten Fahrten mit den regulären **Hafenfähren** (s. S. 24) gibt es ausgefallenere und exklusivere Möglichkeiten, Sydneys Naturhafen zu entdecken. Edel sind die **Törns** auf einer Luxusjacht zwischen Opernhaus und Watsons Bay, bei denen man vom Wasser aus auch Blicke auf die noblen Residenzen von Sydneys Upper Class erhaschen kann (East Sail, Tel. 02 93 27 11 66, www.eastsail.com.au; »Morning Sail«, tgl. 10–12.30 Uhr, 109 A-$; »Sunset Cruise«, tgl. 18–20 Uhr, 119 A-$). In die koloniale Vergangenheit fühlt man sich bei einer **Kreuzfahrt** auf einem alten Segelschiff zurückversetzt (Tall Ship Harbour Cruises, Tel. 1300 66 44 10, www.sydneytallships.com.au; z. B. »Family Pirate BBQ Lunch«, tgl. 11–13 Uhr, 89 A-$, Kinder 39 A-$, Familie 217 A-$). Sportliche können das Sightseeing mit **Segelunterricht** verbinden (Sydney by Sail, Tel. 02 92 80 11 10, www.sydneybysail.com, zweitägiger Kurs für Anfänger 495 A-$) oder bei **Kajakfahrten** selbst zum Paddel greifen (Sydney Harbour Kayaks, Tel. 02 99 60 43 89 www.sydneyharbourkayaks.com.au, halbtägige geführte Tour 99 A-$). Bei den rasanten, bis zu 80 km/h schnellen **Jetboot-Fahrten** durch den schönsten Hafen der Welt stockt den Passagieren schon mal der Atem (Ozjet Boating, Tel. 02 98 08 37 00, www.ozjetboating.com, 60 A-$, Kinder 40 A-$, Familie 170 A-$/30 Min.).

Per Fahrrad durch Sydney

In die Pedale, fertig, los – so lautet ein neues Motto für aktive Sydney-Urlauber. Mit dem Fahrrad durch Sydney zu fahren, ist ein besonderes Erlebnis. Der Veranstalter **Bonza Bike Tours** (Tel. 02 92 47 88 00, www.bonzabiketours.com) organisiert die wohl interessantesten Stadtrundfahrten, z. B. eine halbtägige Rundtour durch die Innenstadt (89 A-$, Kinder 69 A-$, Familie 259 A-$), eine Harbour-Bridge-Tour durch die nördlichen Stadtteile (129 A-$, Kinder 109 A-$, Familie 395 A-$) und eine Manly-Beach-Tour (129 A-$, Kinder 109 A-$, Familie 395 A-$). Alle Preise inkl. Getränke und ggf. Mittagessen. Die Guides kommentieren die Touren auf unterhaltsame Art. Wer Sydney auf eigene Faust erkunden möchte, kann Räder auch so mieten (halbtags 35 A-$, ganztags 50 A-$).

Dasein, denn es existiert immer noch eine große Bandbreite von Galerien, Ateliers und Bühnen. Tagsüber (v. a. samstags) trifft man sich beim Shopping in Paddingtons Trend-Boutiquen (s. S. 43), nach Sonnenuntergang zieht es Nachtschwärmer hierher, denn im Viertel hat sich ein Epizentrum brodelnden Nightlifes aufgetan. Allen Trends zum Trotz hat sich der Stadtteil das Flair des 19. Jh. bewahrt. Charakteristisch für Paddington sind sorgfältig renovierte, schmale, doppelstöckige, in Zeilen stehende Wohnhäuser im spätviktorianischen Terrace-Baustil.

Woolloomooloo ▶ D/E 5/6
Bus: 311
Das südöstlich an die citynahen Parkanlagen angrenzende, von den Einheimischen meist knapp The Loo – was im Aussie-Slang ›Toilette‹ bedeutet – genannte Viertel war vor Jahren noch ein schmuddeliger Slum. Doch ein aufwendiges architektonisches ›Facelifting‹ verwandelte den verlotterten Hinterhof von Sydney in eine attraktive Wohngegend. Eine zusätzliche Aufwertung erfuhr der Stadtteil, als in die mit viel Aufwand sanierte ehemalige Werft- und Speicheranlage Finger Wharf, die sich wie ein Finger in die schmale Hafenbucht streckt, ein Luxushotel, teuere Restaurants und edle Apartments mit Anlegeplatz für die eigene Jacht einzogen.

Profanbauten

Customs House ▶ C 4
31 Alfred St., Circular Quay, City, Tel. 02 92 47 85 51, www.sydneycustoms house.com.au, Bus: 200, 555 und Sydney Explorer, tgl. 10–17 Uhr, Eintritt frei
Einst war das 1845 errichtete Gebäude mit säulenschwerem Portal Sitz des städtischen Zollamts, heute bildet es den Rahmen für ein Kulturzentrum mit Galerien für Kunst und Kunsthandwerk, Bistros und Cafés. Hilfreich für die erste Orientierung ist das in den Boden eingelassene ›begehbare‹ Modell der Stadt im Erdgeschoss.

Elizabeth Bay House ▶ E 5
7 Onslow Ave., Elizabeth Bay, Tel. 93 56 30 22, www.hht.net.au, Bus: 311 und Sydney Explorer, Fr–So 9.30–16, Jan. und Schulferien tgl. 9.30–16 Uhr, 8 A-$, Kinder 4 A-$, Familie 17 A-$
In der Mischung aus frühem australischen Kolonialstil und neoklassizistischen Zierformen entspricht der stattliche Herrensitz ganz dem histori-

sierenden Baustil des 19. Jh. Im Innern des 1835–39 errichteten Prachtbaus, der lange als vornehmstes Gebäude des kolonialen Australiens galt, beeindruckt neben dem Originalmobiliar das von einer elliptischen Kuppel überwölbte Treppenhaus. Bauherr war der britische Kolonialsekretär Alexander Macleay, den seine Pläne jedoch in den wirtschaftlichen Ruin trieben.

Government House ▶ D 4

Macquarie St., City, Tel. 02 99 31 52 22, www.hht.net.au, Bus: 380 und Sydney Explorer, Außenanlage tgl. 10–16 Uhr, kostenlose Führungen Fr–So alle 30 Min. 10.30–15 Uhr
Das wie eine Trutzburg wirkende neugotische Gebäude im Nordteil der Royal Botanic Gardens diente bis 1996 als Sitz des Generalgouverneurs – der offizielle Vertreter des britischen Monarchen. Im Innern des zwischen 1837 und 1845 errichteten Sandsteinbaus vermitteln Originalmobiliar und -dekor aus der Kolonialzeit eine altehrwürdige Atmosphäre.

Vaucluse House ▶ Karte 3

Wentworth Rd., Vaucluse, Tel. 02 93 88 79 22, www.hht.net.au, Bus: 325 und Bondi and Bay Explorer, Fr–So 9.30–16, Jan. und Schulferien tgl. 9.30–16 Uhr, 8 A-$, Kinder 4 A-$, Familie 17 A-$
Das vielleicht romantischste Kolonialhaus ganz Australiens zeigt eine kurios

anmutende Mischung aus frühem Kolonialstil und spätgotischen Elementen. In dem 1803 begonnenen, aber erst 1830 fertiggestellten herrschaftlichen Anwesen lebte eine der schillerndsten Persönlichkeiten des kolonialen Australiens – der Entdecker, Rechtsanwalt und ›Vater der australischen Verfassung‹, William Charles Wentworth. Umgeben ist das Vaucluse House von einem weitläufigen Park mit einer großen Vielfalt an einheimischen und importierten Pflanzen.

Kirchen

St. Mary's Cathedral ▶ D 6

College St./Ecke Cathedral St., City, Tel. 02 92 20 04 00, www.stmaryscathedral.org.au, Bus: 378, 380 und Sydney Explorer, tgl. 6.30–18.30 Uhr, kostenlose Führung So 12 Uhr
Obwohl bereits 1788 mit der Ersten Flotte katholische Strafdeportierte aus Irland auf dem Fünften Kontinent eintrafen, wurde erst 1821 der Grundstein für das erste katholische Gotteshaus auf australischem Boden gelegt – die St. Marys Chapel, aus der später die heutige Kathedrale hervorging. Die ersten Gouverneure der Strafkolonie untersagten den katholischen Iren die Ausübung ihrer Religion, weil sie befürchteten, diese würden die Messfeiern für konspirative Treffen nutzen. Zwischen 1866

Sydney Architecture Walks

Engagierte Architekten zeigen Gästen bei den 2–2,5-stündigen, thematischen Stadtrundgängen ihre Stadt aus ungewöhnlicher Perspektive und machen sie auf Sehenswürdigkeiten aufmerksam, die in kaum einem Reiseführer zu finden sind. Angeboten werden die vier Schwerpunkte City, Oper und Utzon, Hafen und Werften sowie Kunst und Plätze. Die mit viel Insiderwissen geführten Touren beginnen am Museum of Sydney (▶ C 4/5, Tel. 02 82 39 22 11, www.sydneyarchitecture.org, 35 A-$, inkl. Eintritt zum Museum).

und 1928 im neogotischen Stil erbaut, gilt die St. Marys Cathedral als das größte christliche Sakralgebäude des ehemaligen Empire außerhalb Großbritanniens. Im Innern beeindrucken die schlanken Säulen, umspielt von Sonnenlicht, das durch die bunten Rosettenfenster in der West- und Südfassade dringt. Das Fußbodenmosaik der Krypta besticht durch die handwerkliche Virtuosität der Künstler, die 15 Jahre lang daran arbeiteten.

Museen

Australian Museum ▶ C/D 6

William St./Ecke College St., City, Tel. 02 93 20 60 00, www.australianmuseum. net.au, Bus: 378, 380 und Sydney Explorer, tgl. 9.30–17 Uhr, 12 A-$, Kinder 6 A-$, Familie 30 A-$, kostenlose Führungen tgl. 10, 11, 12, 14, 15 Uhr
Unter dem Dach des mächtigen, 1849 fertiggestellten Sandsteinbaus gegenüber dem Hyde Park widmen sich übersichtlich arrangierte Sammlungen mit einer erlesenen Auswahl an Exponaten Sachgebieten wie Geologie, Biologie, Ökologie und Ethnografie. Hauptattraktion der naturkundlichen Sammlung sind Skelette von Dinosauriern wie einem Diprotodon. Eine Abteilung beschäftigt sich ausschließlich mit den Kulturen der australischen Ureinwohner und ozeanischer Völker. Sonntags (12–14 Uhr) können Besucher kostenlos an einem *Aboriginal dance workshop* teilnehmen. Auf ein reges Interesse stoßen auch die regelmäßigen Wechselausstellungen.

Brett Whiteley Studio ▶ D 8

2 Raper St., Surry Hills, Tel. 02 92 25 18 92 (Mo–Fr), 02 92 25 18 81 (Fr–So), www.brettwhiteley.org, Bus: 301– 303, Sa, So 10–16 Uhr, Eintritt frei
Kleines Kunstmuseum im Atelier des 1992 verstorbenen Brett Whiteley. Neben Werken des wegen seiner gesellschaftskritischen Haltung umstrittenen Malers werden in Wechselausstellungen Arbeiten zeitgenössischer australischer Künstler präsentiert.

Sydney Cove mit dem Museum of Contemporary Arts

Justice and Police Museum

▶ C 4

8 Phillip St., City, Tel. 02 92 52 11 44,
www.hht.net.au, Bus: 378, 380 und
Sydney Explorer, Sa, So 10–17, Jan.
und Schulferien tgl. 10–17 Uhr, 8 A-$,
Kinder 4 A-$, Familie 17 A-$

Das Kriminalmuseum in einer alten Poli-
zeiwache von 1856 gibt anschaulich
Einblick in die Rechtsverhältnisse und
die Justiz vergangener Zeiten. Besonders
ausführlich sind die Anfangsjahre der
Kolonie dokumentiert, als die Bevölkerung Sydneys vorwiegend aus deportier-
ten Kriminellen bestand. Ausgestellt sind
u. a. Tatwaffen und Verbrecherfotos sowie die Totenmaske des berüchtigten
Strauchdiebs Captain Moonlight.

Museum of Contemporary Art (MCA) ▶ C 4

Circular Quay West, The Rocks, Tel.
02 92 45 24 00, www.mca.com.au,
Bus: 200, 555 und Sydney Explorer,
tgl. 10–17, Ende März–Ende Sept. tgl.
10–16 Uhr, Eintritt frei, Sonderausstel-
lungen gebührenpflichtig

Dieses Kultur- und Ausstellungszentrum
in exponierter Lage am Hafen galt Kriti-
kern bei seiner Eröffnung im Jahre 1991
als ›avantgardistischer Protestschrei‹
gegen geistige und ästhetische Verkrus-
tungen. Hinter der schnörkellosen Art-
déco-Fassade des Museums verbirgt sich
ein Sanktuarium zeitgenössischer Kunst,
das immer wieder mit oftmals provozie-
renden Wechselschauen und Perfor-
mances in- und ausländischer Künstler
für Furore sorgt. Publikumsmagneten
sind aber auch die reichhaltige perma-
nente Ausstellung australischer und internationaler Gegenwartskunst, darunter Werke von David Hockney, Andy
Warhol und Roy Lichtenstein, sowie die
regelmäßig hier stattfindenden Darbie-
tungen audiovisueller Kunst, Autorenle-
sungen und Filmfestivals.

Sydney Jewish Museum ▶ D/E 7

148 Darlinghurst Rd., Darlingshurst,
Tel. 02 93 60 79 99, www.sydneyje
wishmuseum.com.au, Bus: 311, 378,
380 und Bondi and Bay Explorer,
So–Do 10–16, Fr 10–14 Uhr, Sa und
an jüdischen Feiertagen geschlossen,
10 A-$, Kinder 6 A-$, Familie 22 A-$,
erster So im Monat Eintritt frei

Das ›Museum der Toleranz‹ schildert die
Geschichte der jüdischen Einwanderer
auf dem Fünften Kontinent. Beginnend
mit den 16 jüdischen Sträflingen, die
mit der Ersten Flotte kamen, und en-
dend mit den Überlebenden des Holo-
caust, die in Australien eine neue Heimat fanden.

Parks und Gärten

Centennial Park ▶ F/G 9/10

Oxford St., Woollahra, Bus: 373, 374
und Bondi and Bay Explorer, tgl. 7 Uhr
bis zum Sonnenuntergang

Der am 26. Januar 1888 anlässlich der
Feiern zum 100-jährigen Bestehen des
›weißen Australiens‹ eröffnete, 220 ha
große Park mit Wäldern und Seen ist ein
beliebtes Naherholungsgebiet für die
Großstädter. In dem Feuchtgebiet Lachlan Swamps, aus dem Sydney früher
Trinkwasser bezog, leben heute über
200 Vogelarten.

Hyde Park ▶ C 6

Elizabeth St., City, Bus: die meisten
Stadtlinien

Ein paar Schritte abseits der Elizabeth
Street öffnet sich eine ruhige, baumbe-
standene Stadtoase, der Hyde Park. Einst
diente die 1810 geschaffene Grünanlage als Pferderennbahn und Kricket-
spielfeld sowie in den Anfangsjahren der
Strafkolonie als Exerzierplatz und Stätte
für öffentliche Exekutionen. Im Nordteil
des Parks erinnert die Archibald Memo-

Sydney aus der Vogelperspektive: Atemberaubende Aussichten auf die Hafenbucht, die Oper und die Harbour Bridge zu erschwinglichen Preisen versprechen Helikopter-Touren (z. B. Sydney Heli Tours: Tel. 02 93 17 34 02, www.sydneyhelitours.com.au, Dauer 20–30 Min., ab 209 A-$) oder Rundflüge in Wasserflugzeugen (z. B. Seaplane Safaris, Tel. 93 71 67 07, www.seaplanesafaris.com, Dauer 15–30 Min., ab 160 A-$).

rial Fountain an die australisch-französische Waffenbrüderschaft im Ersten Weltkrieg. Im Süden spiegelt sich in dem künstlich angelegten Lake of Reflection das Anzac War Memorial, ein Ehrenmal im Art-déco-Stil zum Gedenken an die damals gefallenen Australier.

The Domain ► D 5
Art Gallery Rd., Bus: 200, 555 und Sydney Explorer
In dieser Freizeitoase steigt alljährlich im Januar beim Festival of Sydney die größte Open-Air-Party Australiens. Nicht zu vergessen ist auch die Speakers' Corner nahe der Art Gallery of New South Wales, wo sonntagsnachmittags Rapper, Dichterinnen, Postbeamte und alle anderen ›Minderheiten‹ der Stadt von ihrem demokratischen Recht Gebrauch machen dürfen, ungestraft Regierung, Kirche oder sonstwas verbal zu attackieren.

Strände

Schwimmen und surfen, sich im Sand aalen und sonnenbaden – den Sydneysiders geht ihr *beachlife* über alles. An schönen Tagen strömen Zehntausende an die leicht zu erreichenden Badestrände, die sich am 350 km langen,

›hauseigenen‹ Pazifikufer erstrecken. Für die Sicherheit der Surfer und Schwimmer sorgen die freiwilligen Mitglieder der australischen Lebensrettungsvereine. Sie flaggen jene Abschnitte der Sandmeilen mit rot-gelben Fahnen aus, an denen man gefahrlos baden kann. Einige Strände sind auch mit Netzen gegen Haie gesichert. Da Sydney ›strandsatt‹ ist, hat man die Qual der Wahl.

Balmoral Beach ► nördl. von H 1
Schiff/Bus: Hafenfähre ab Circular Quay Pier 2 bis Taronga Zoo, von dort Bus 238
Dieser Strand am Nordufer von Sydney Harbour ist wegen seiner geschützten Lage auch für Familien mit kleinen Kindern geeignet. Zudem gibt es ein schönes Schwimmbad.

Bondi Beach ► Karte 3
Bus: 333, 380, L82 ab Circular Quay, 378 ab Central Station und Bondi and Bay Explorer
An Sydneys berühmtestem Strand laden die Brandungswellen des Pazifiks zum Schwimmen und Surfen ein. Besonders stark ist die Brandung im Norden bei den Ben-Buckler-Klippen – hier wagen sich nur die besten Wellenartisten auf die Bretter. Auch Besucher aus dem Ausland dürfen im herrlich gelegenen Bondi Icebergs Pool am Südende des Strandes schwimmen (s. S. 65).

Coogee Beach ► östl. von H 8
Bus: 373 ab Circular Quay, 372 ab Central Station und Bondi and Bay Explorer
Am langgestreckten Sandstrand südlich des Bondi Beach hält sich die Brandung zurück, weshalb sich hier auch Kinder und ungeübte Schwimmer unbesorgt in die Fluten wagen können; zudem gibt es einen Meerwasserpool.

Lady Bay Beach ▶ östl. von H 1
Bus: 324, 325, L82
An diesem FKK-Strand am Südufer der Hafenbucht lassen Einheimische und Touristen die Hüllen fallen.

Manly Beach ▶ Karte 3
Schiff: Jetcat ab Circular Quay Pier 2, Hafenfähre ab Circular Quay Pier 3
Außerordentlich beliebter und daher am Wochenende meist auch hoffnungslos überfüllter, kilometerlanger Paradestrand, der Schwimmer, Surfer und Sonnenanbeter gleichermaßen anzieht. Man sollte den Vorteil des Urlaubers nutzen und den Abstecher nach Manly an einem Wochentag machen (s. S. 70).

Northern Beaches ▶ Karte 3
Schiff/Bus: Mit Jetcat oder Hafenfähre nach Manly (s. o.), dann Bus 151, 155, 156 oder Bus L90 ab Wynyard (City)
In Manly beginnen die schicken nördlichen Vororte, die allesamt über herrliche Bade- und Surfstrände verfügen (s. S. 71).

Shark Beach ▶ östl. von H 1
Bus: 324, 325, L82
Trotz seines Furcht einflößenden Namens kann man sich an diesem feinsandigen Strand ohne jede Gefahr ins Wasser wagen, denn vor Haien, die es im Sydney Harbour tatsächlich gibt, schützt ein weit gespanntes Stahlnetz. Wegen seiner geschützten Lage am Südufer der Hafenbucht gibt es hier keine hohen Wellen, was den Strand zum idealen Tummelplatz für Kinder macht.

Tamarama Beach ▶ östl. von H 8
Bus: 333, 380, L82 ab Circular Quay, 378 ab Central Station und Bondi and Bay Explorer
Vor allem junge Leute gehen an dem auch »Glamourama« genannten Strand einem intensiven Körperkult nach (s. auch S. 65).

Rettungsschwimmer am Tamarama Beach – gut zu erkennen an den grellen Badekappen

Ausflüge

Australian Reptile Park und Spider World

Pacific Hwy, Somersby, 60 km nördlich, Tel. 02 43 40 10 22, www.reptilepark. com.au, CityRail (Northern Line) ab Central Railway Station nach Gosford (ca. 1 Std., weiter per Taxi) oder organisierte Tour ab Sydney (Büros am Circular Quay, s. S. 82), tgl. 9–17 Uhr, 24,50 A-$, Kinder 12,50 A-$, Familie 64 A-$

Im Australian Reptile Park nahe Gosford kann man sich von Taipans, Tigerschlangen und Todesottern Schauer über den Rücken jagen lassen. Die angeschlossene Spider World, Australiens erster Spinnenzoo, zeigt neben handtellergroßen Vogelspinnen und Skorpionen die gefährlichen Trichternetzspinnen *(fun-nelweb spiders)* und Rotrückenspinnen *(redback spiders)*, deren Bisse für einen Menschen tödlich sein können. Allerdings wollen die Parkbetreiber die Besucher nicht das Gruseln lehren, sondern Verständnis für die achtbeinigen Lebewesen wecken. Man kann auch beobachten, wie Giftspinnen zur Herstellung von Serum gemolken werden.

Blue Mountains ▶ Karte 3

www.visitbluemountains.com.au, mit CityRail (gelbe Linie) ab Central Railway Station nach Katoomba (ca. 2 Std., Tel. 13 15 00), ab Katoomba Railway Station verkehrt tgl. 9.45–17.15 Uhr der Blue Mountains Explorer Bus

Wohl kaum ein Sydneybesucher lässt sich einen Ausflug in die Blue Mountains entgehen

Gourmettempel in den Blue Mountains

In den Blue Mountains versprechen verschiedene Restaurants erlesenen Gaumenkitzel. Als einer der besten Köche des Landes gilt John Cross, Chefkoch des **Solitary** in Leura. Das preisgekrönte Restaurant in einem romantischen Kolonialhaus bietet australische Interpretationen klassischer französischer und italienischer Speisen (90 Cliff Dr., Leura Falls, Tel. 02 47 82 11 64, www.solitary.com.au, Mi–Sa 18.30–23, Sa, So auch 12–15 Uhr, Hauptgerichte 24–40 A-$). In Katoomba verspricht das **Echoes** im gleichnamigen Boutiquehotel italienische und ›moderne australische‹ Gaumenfreuden vor dem Panorama des Jamison Valley (3 Lilianfels Ave., Tel. 02 47 82 19 66, www.echoeshotel.com.au, tgl. 12–15, 18.30–23 Uhr, 3-Gang-Menü 95 A-$). Klein, aber sehr fein ist das **Ashcrofts** in Blackheath. Serviert wird moderne australische Küche mit mediterranem Einschlag (18 Govetts Leap Rd., Tel. 02 47 87 82 97, Mi–So 18–23 Uhr, 3-Gang-Menü 85 A-$).

(Rundstrecke mit 30 Haltepunkten, 34 A-$, Kinder 17 A-$, Familie 85 A-$), die Anreise mit CityRail und Blue Mountains Explorer Bus umfasst das Blue Mountains ExplorerLink Ticket (ab 51 A-$, Kinder ab 21 A-$), Auskunft: Tel. 13 00 30 09 15 und 02 47 82 18 66, www.explorerbus.com.au
Für die frühen Siedler war das bis zu 1200 m hohe, dicht bewaldete und wild zerklüftete Sandsteinplateau 100 km westlich von Sydney ein unüberwindliches Hindernis. Für die heutigen Großstädter ist die Bergwelt, deren Name vom bläulichen Dunst der verdampfenden ätherischen Öle unzähliger Eukalyptusbäume herrührt, ein beliebtes Wochenendziel. Hauptattraktion sind die Three Sisters, riesige Felsnadeln nahe dem Städtchen Katoomba, die man von einer Aussichtsplattform oder einer Seilbahn aus bewundern kann. Weitere Highlights der Canyon-Landschaft sind Wasserfälle, am spektakulärsten die über 270 m hohen Wentworth Falls. Atemberaubend ist die Aussicht vom Evans Lookout bei Blackheath, wo sich auch die wanderbarste Region der Blauen Berge erstreckt (Grand Canyon Walk). In den Jenolan Caves, dem größ-

ten Tropfsteinhöhlensystem Australiens, gibt es für die Besucher eine unterirdische Märchenlandschaft zu entdecken.

Auf dem Hin- oder Rückweg lohnt sich ein Stopp in Parramatta, der zweitältesten europäischen Siedlung auf dem Kontinent mit architektonischen Relikten.

Botany Bay National Park ▶ Karte 3

Discovery Centre, Tel. 02 96 68 99 23, Anfahrt zum südlichen Sektor Kurnell mit CityRail bis Cronulla (blaue Linie), dann Bus, Mo–Fr 9.30–16.30 Uhr, 12 A-$, Kinder 6 A-$, Familie 30 A-$
Für jeden traditionsbewussten Einheimischen ist die Botany Bay 20 km südlich der City ein Stück australischer Urgeschichte. Denn hier ging am 28. April 1770 Captain James Cook mit seinem Schiff Endeavour vor Anker. Den Spuren der ersten Europäer, die dieses Fleckchen Erde betraten, kann man im Norden des Botany Bay National Park auf dem 2 km langen Monument Track folgen. Im Captain Cooks Landing Place Park dokumentiert das Discovery Centre die Entdeckungsreisen von James

Ausflüge

Cook und die Inbesitznahme des Fünften Kontinents durch die Engländer.

Hunter River Valley

▶ Karte 5

Anfahrt: Um die Weinproben richtig genießen zu können, empfiehlt sich eine Tour, z. B. die »Scenic Wine Tasting Tour« von Australian Travel Specialists (s. Kasten), Dauer ca. 10 Std., 150 A-$ inkl. Lunch

Seit gut 150 Jahren wird rings um Cessnock, der 120 km nördlich von Sydney gelegenen Weinhauptstadt des Lower Hunter River Valley, Wein angebaut. Alle Weingüter sind mit Führungen durch Keltereien und Keller, ausgezeichneten Gastwirtschaften und gemütlichen Herbergen auf Besucher eingerichtet.

Ku-ring-gai Chase National Park ▶ Karte 3

www.nationalparks.nsw.gov.au, Anfahrt am besten per Mietwagen, Zufahrt zum nordöstlichen Teil des Parks

bei Terrey Hills, zur südlichen Region über Bobbin Head Rd. oder Ku-ring-gai-Chase Rd., beide zweigen vom Pacific Highway ab

Auf einem von Flüssen zerfurchten Sandsteinplateau im Norden des Großraums Sydney erstreckt sich der Ku-ring-gai Chase National Park. Obwohl der Nationalpark ausgezeichnete Wandermöglichkeiten bietet, kommen die meisten Ausflügler hierher, um in den vielfach mit Hainetzen gesicherten Badebuchten zu baden oder Bootsausflüge auf dem Hawkesbury River zu unternehmen. Darüber hinaus kann man uralte Felskunstwerke der einst ansässigen Guringai-Aborigines entdecken, so z. B. am Basin Track (etwa 10 Min. zu Fuß vom Parkplatz an der West Head Road) und an der Echidna Aboriginal Engraving Site (West Head Rd.).

Royal National Park

▶ Karte 3

www.nationalparks.nsw.gov.au, Anfahrt per Mietwagen, im Nationalpark keine öffentlichen Verkehrsmittel

Mit dem letzten Flusspostboten unterwegs

In dem etwa eine Fahrstunde nördlich von Sydney am breiten Mündungstrichter des Hawkesbury River gelegenen Fischerort **Brooklyn** startet jeden Wochentag Australiens letzter Flusspostbote seine Tour. Mit seinem Postboot liefert er Briefe, Päckchen und Pakete, aber auch frische Milch, Lebensmittel und Tageszeitungen in entlegene Siedlungen, die nur auf dem Wasserweg erreichbar sind. Zahlende Gäste dürfen ihn auf seiner halbtägigen Tour begleiten und gewinnen dabei Einblick in australisches Alltagsleben und können zeitgleich die wildromantische Landschaft des **Dharug National Park** aus ungewöhnlicher Perspektive genießen. Information und Buchung: **Australia's Last Riverboat Postman,** c/o Hawkesbury River Ferries, Tel. 02 99 85 75 66, www.hawkesburyriverferries.com.au, Mo–Fr 9.30–13.15 Uhr; Buchung für diese und weitere Touren auch über **Australian Travel Specialists,** Shop W1, Alfred St., Circular Quay (gegenüber Pier 6), Tel. 02 92 11 31 92, www.atstravel. com.au, 50 A-$, Kinder 30 A-$, Familie 130 A-$.

Whale Watching

Zwischen Mitte September und Ende November versammeln sich Hunderte von **Buckelwalen** zur ›Sommerfrische‹ vor der australischen Ostküste. Für kurze Zeit verlassen sie die antarktischen Gewässer, bringen in wärmeren Gefilden ihre im Vorjahr gezeugten Jungen zur Welt und geben sich dort erneut den Trieben hin. Zwei- bis dreistündige Bootstouren, bei denen man die Giganten des Meeres beobachten kann, starten am Circular Quay in Sydney. Whale Watching Sydney: Tel. 02 95 83 11 99, www.whalewatchingsydney.net, ab 65 A-$, Kinder ab 40 A-$.

Der etwa 35 km südlich von Sydney gelegene Royal National Park wurde 1879 gegründet und ist damit der älteste Nationalpark Australiens. Neben schönen Badestränden, die z. T. mit Hainetzen gesichert sind, gibt es zahlreiche Wanderwege durch Eukalyptuswälder und Buschland. An versteckten Stellen finden sich Felsritzungen der Ureinwohner. Von Mitte September bis Mitte November kann man mit etwas Glück und Geduld von den Klippen aus dicht an der Küste vorbeiziehende Buckelwale *(humpback whales)* beobachten.

Snowy Mountains
▶ Karte 5

Anfahrt mit Mietwagen/Bus über Hume Hwy/Snowy Mountains Hwy nach Cooma, dort Busse zu den Skiorten; mehrmals wöchentl. Flüge (Air South Wales) nach Cooma, Übernachten im gut geführten Kinross Inn (15 Sharp St., Cooma, Tel. 02 64 52 35 77, www.kinrossinn.com.au, DZ 80–120 A-$), komfortable Zimmer, Restaurant, Bar im Banjo Paterson Inn (1 Kosciusko Rd., Jindabyne, Tel. 18 00 04 62 75, www.banjopatersoninn.com.au, DZ 79–175 A-$, Juli/Aug. zzgl. 25 %)
Die bis zu über 2000 m aufragenden Schneeberge im äußersten Süden von New South Wales sind bis zu sechs Monate im Jahr mit Schnee bedeckt. Dort befinden sich die beliebtesten Wintersportgebiete Australiens, die mehr Skipisten und Loipen besitzen als Österreich und die Schweiz zusammen. Die Skisaison beginnt im Juni und dauert bis September. Die bekanntesten Wintersportzentren sind Thredbo, Smiggin Holes, Perisher Valley, Charlottes Pass, Mount Selwyn und Guthega.

Sydney Olympic Park
▶ Karte 3

15 km westlich, Tel. 02 97 14 78 88, www.sydneyolympicpark.com.au, mit CityRail (gelbe Linie) ab Central Station bis Olympic Park oder Hafenfähre RiverCat ab Circular Quay bis Homebush Bay, von da Shuttlebus, Audio Tour tgl. 9–16 Uhr, 20 A-$, ANZ Stadium Führungen Mo–Fr 11, 12.30, 14, 15.30, Sa, So 11, 13, 15 Uhr, 29 A-$, Kinder 19 A-$, Familie 70 A-$
Austragungsort der Olympischen Spiele 2000. Wenige Gehminuten vom ökologisch errichteten Olympiadorf, in dem mehr als 15 000 Athleten wohnten, befinden sich u. a. das 115 000 Zuschauer fassende **ANZ Stadium** und die riesige High-Tech-Schwimmhalle **Sydney International Aquatic Centre** (17 500 Zuschauer). Zum Bummeln lädt die Flaniermeile Olympic Boulevard ein.

Zu Gast in Sydney

Es gibt wohl kaum einen besseren Ort für einen Sightseeing-
zwischenstopp als eines der Cafés oder Bistros am Circular
Quay East, denn dort sitzt man in der ersten Reihe. Der Blick
von hier aus auf die City-Skyline, die Harbour Bridge, das
Opera House und die Hafenfähren ist unübertroffen.

Übernachten

Hotels und Gästehäuser

So vielfältig wie die Stadt selbst, so präsentiert sich auch ihr Hotelangebot: Ob in altehrwürdigen Häusern mit kolonialem Flair oder in minimalistisch-schick gestylten Boutiquehotels – in Sydney gibt es für jeden Geschmack das richtige Bett. Ergänzt wird die Palette durch Familienpensionen und Apartments mit Kitchenette sowie Jugendherbergen und Backpacker-Hostels.

Die Häuser der gehobenen Kategorien entsprechen internationalem Standard, aber auch einfachere Hotels und Pensionen bieten durchweg ordentliche Zimmer mit Klimaanlage und privatem Bad/WC sowie Telefon und TV. Manche kleinen Unterkünfte unterscheiden sich in der Qualität kaum von Hotels der Sternekategorie und bieten zudem eine geradezu private Atmosphäre.

Und noch ein Tipp: Frühstücken Sie nicht im Hotel, sondern stilvoller und günstiger im Café gegenüber!

Der richtige Standort

Wer in erster Linie zum Sightseeing nach Sydney kommt, sollte ein Hotel in der City oder in der Altstadt The Rocks wählen. Für Shoppingtouren und Nachtleben bietet sich hingegen eher ein Quartier in den Vierteln Kings Cross, Darlinghurst oder Paddington an. Möchte man Sightseeing mit Strandurlaub verbinden, ist eines der Hotels am Bondi Beach oder in Manly die richtige Wahl.

Preise und Rabatte

Die im Buch angegebenen Preise gelten für eine Übernachtung im Doppelzimmer ohne Frühstück in der Hauptsaison von November bis Februar. Einzelzimmer werden in Sydney kaum angeboten. Alleinreisende zahlen für Doppelzimmer aber meist einen günstigeren Preis. Zu den Übernachtungspreisen kommen 10 % *state government bed tax* hinzu.

Viel sparen kann, wer Touristenhotels mittleren und gehobenen Standards über große Veranstalter bucht. Deutlich weniger zahlt man in der Regel auch bei Online-Reservierungen und Buchungen über Internetagenturen. Die Preise liegen zuweilen bis zu 50 % unter den *published rates* (s. u.).

In vielen Häusern werden günstige Wochenendtarife, sogenannte *weekend packages*, angeboten. Auf gute Deals lassen sich viele Hotels auch während der Nebensaison ein. Es ist generell nie verkehrt, sich nach *special rates* oder *stand by rates* zu erkundigen.

Internet-Agenturen

www.planetholiday.com: Tarife und Rabatte sowie Links zu Hotels der mittleren und gehobenen Kategorien.
www.hotel.com.au/Sydney: Zahlreiche Hotels im Angebot, auch nach Vierteln sortiert.
www.takeabreak.com.au: Apartments und Ferienhäuser.
www.bedandbreakfast.com.au: Informationen zu oft sehr stilvollen B & Bs.

Günstig und nett

Luftig-helle Zimmer – **Aarons Hotel:**
■ **B 7,** 37 Ultimo Rd., Haymarket, Tel. 02
92 81 55 55, www.aaronshotel.com.au,
Bus: 200, 555 und Sydney Explorer, DZ
149–235 A-$. Gemütliches Stadthotel
mit freundlichen Zimmern (alle mit
Bad/WC und Klimaanlage). Nur wenige
Schritte zur Chinatown, nur kurze Ent-
fernungen zu Darling Harbour und zum
Central Business District.

Im In-Viertel gelegen – **Arts Hotel:** ■
D 7, 21 Oxford St., Paddington, Tel. 02
93 61 02 11, www.artshotel.com.au,
Bus: 333, 380, L82 ab Circular Quay,
378 ab Central Station und Bondi and
Bay Explorer, DZ 185–210 A-$. Mitten
im Herzen von »Trendy Paddo« gelegen, bietet das gut geführte Haus 64
gemütliche Zimmer mit Bad, Klimaanlage, Minibar und TV (die Garden
Rooms mit kostenlosem WiFi). Besitzer
Peter Sullivan gibt gerne Tipps zu Sightseeing, Shopping etc.

Top-Lage – **Central Park Hotel:** ■
C 6: 185 Castlereagh St./Ecke Park St.,
City, Tel. 02 92 83 50 00, www.central
park.com.au, Bahn: City Circle bis St.
James, DZ 145–210 A-$. Top-Lage mit-
ten in der City mit bester Verkehrsan-
bindung – idealer Ausgangspunkt für
Stadterkundungen und Einkaufsbum-
mel. Und zum Joggen geht's am Mor-
gen in den gegenüberliegenden Hyde
Park. 36 helle, geräumige Zimmer mit
Kitchenette.

Wohlfühlpension – **Harts Bed &
Breakfast:** ■ **E 8:** 91 Stewart St., Paddington, Tel. 02 93 80 55 16, www.atn.
com.au/harts, Bus: 333, 380, L82 ab Circular Quay, 378 ab Central Station und
Bondi and Bay Explorer, DZ 140–170
A-$ inkl. Frühstück. Die heimelige Früh-

stückspension mit nur vier Zimmern liegt
in einer ruhigen Wohngegend zwei Gehminuten von der quirligen Oxford Street
entfernt. Nach Meinung vieler Stamm-
gäste serviert Kathrine Hart das beste
Frühstück auf dem Fünften Kontinent.

Quadratisch, praktisch, gut – **Hotel
Ibis World Square:** ■ **C 7,** 382–384
Pitt St., City, Tel. 02 82 67 31 11, www.
ibishotel.com.au, Bahn: City Circle bis
Museum, DZ 165–200 A-$. Gewiss
nicht der coolste Ort und von außen
auch nicht unbedingt ein Schmuckstück,
aber 166 gut ausgestattete Zimmer,
opulentes Frühstücksbuffet und hin-
sichtlich der Lage kaum zu toppen.

Pub-Hotel – **Mercantile Hotel:** ■
aB 2, 25 George St., The Rocks, Tel. 02
92 47 35 70, www.mercantilehotel.city
search.com.au, Bus: 431–434 und Sydney Explorer, DZ 120–150 A-$. Im vik-
torianischen Stil erbautes Haus im
historischen Kern von Sydney mit 12 in-
dividuell gestalteten Zimmern (einige
noch mit Etagenbad). Frühzeitig buchen!

Preiswertes Boutiquehotel – **Pen-
sione Hotel:** ■ **C 7,** 631–635 George
St., Haymarket, Tel. 02 92 65 88 88,
www.pensione.com.au, Bus: die meisten Stadtlinien und Sydney Explorer, DZ
ab 130 A-$. Dieses originelle Hotel, das
zwei Gebäude aus dem 19. Jh. belegt,
ist ein Geheimtipp unter jüngeren Reisenden. Die 72 Zimmer sind zwar spar-
sam möbliert und winzig, aber Lage und
Preis sind nahezu unschlagbar.

Nobel-Jugendherberge – **Sydney
Harbour YHA:** ■ **aA 3,** 110 Cumberland St., The Rocks, Tel. 02 82 72 09 00,
www.yha.com.au, Bus: 431–434 und
Sydney Explorer, DZ 128–170 A-$, im
Mehrbettzimmer ab 37,50 A-$. Ende
2009 eröffnete, bestens ausgestattete

Jugendherberge im historischen Viertel mit großzügiger Lobby und Internet-center. Von der Dachterrasse bietet sich ein herrlicher Blick auf den Hafen und das Opera House.

Stilvoll wohnen

Extravagantes Design-Hotel – **Blue Sydney:** ■ **D 5,** Finger Wharf 9, 6 Cowper Wharf Rd., Woolloomooloo, Tel. 02 93 31 90 00, www.tajhotels.com/sydney, Bus: 311, DZ 675–975 A-$. Viel Design, viel Charme, Top-Lage mit Blick auf Hafenbucht und Skyline. Die Zimmer sind elegant ausgestaltet. Im gleichen Komplex, einer stilvoll restaurierten Werftanlage, gibt es mehrere extravagante Restaurants.

Auf geschichtsträchtigem Boden – **Four Seasons Hotel:** ■ **C 4,** 199 George St., City, Tel. 02 92 50 31 00, www.fourseasons.com/sydney, Bus: 431–434 und Sydney Explorer, DZ City View 460–480 A-$, DZ Harbour View 530–595 A-$. Wo heute Gäste aus aller Welt in Luxus schwelgen, darbten einst die Insassen von Australiens erstem Gefängnis. Und im größten Ballsaal der Stadt stand früher ein gut besuchtes Freudenhaus. Berühmt ist das Four Seasons wegen seiner Aussicht auf Oper und Hafen – den besten Blick bieten die Zimmer mit der Endnummer 15.

Koloniales Ambiente – **Harbour Rocks:** ■ **aB 3,** 34–52 Harrington St., The Rocks, Tel. 02 82 20 99 99, www.harbourrocks.com.au, Bus: 431–434 und Sydney Explorer, DZ 240–350 A-$. Dieses gemütliche Hotel in einem 150 Jahre alten grundsanierten Kolonialgebäude im Altstadtviertel ist eine kleine, feine Alternative zu den großen Luxusherbergen. Die 55 Zimmer sind gemütlich eingerichtet. Günstige Tarife bei Onlinebuchung.

Kreativer Stilmix – **Medusa:** ■ **D 7,** 267 Darlinghurst Rd., Darlinghurst, Tel. 02 93 31 10 00, www.contemporaryhotels.com.au, Bus: 333, 380, L82 ab Circular Quay, 378 ab Central Station und Bondi and Bay Explorer, DZ 310–420 A-$. Das Boutiquehotel in einer viktorianischen Stadtvilla präsentiert sich in einem Mix aus mediterranen, fernöstlichen und kolonialen Elementen. In den 18 schick gestylten Zimmern setzen Designermöbel und ungewöhnliche Farbakzente individuelle Noten. Nach Sondertarifen fragen!

Stadturlaub plus Beachlife – **Ravesi's:** ■ **östl. von H 8,** 118 Campbell Par./Hall St., Bondi Beach, Tel. 02 93 65 44 22, www.ravesis.com.au, Bus: 333, 380, L82 ab Circular Quay, 378 ab Central Station und Bondi and Bay Explorer, DZ 249–529 A-$. Der Bilderbuchstrand von Bondi liegt quasi vor der Haustür, aber

Reservierungen

Es empfiehlt sich, Reservierungen rechtzeitig per E-Mail vorzunehmen und um eine Bestätigung zu bitten. Dies gilt vor allem für die australischen Sommerferien (Dez. bis Anfang Feb.) und für die Osterzeit. Aber auch während des Gay and Lesbian Mardi Gras im Februar und anderen großen Veranstaltungen kommt es regelmäßig zu Engpässen. Bei Buchungen verlangen bessere Hotels in der Regel als Sicherheit eine Kreditkartennummer.

Das Hotel Blue Sydney residiert in einer ehemaligen Werft- und Speicheranlage

Sydney ist mit dem Bus leicht erreichbar. Das Ravesi's ist der ideale Ruhepunkt für gestresste City-Urlauber. Die sollten allerdings frühzeitig reservieren, denn die 12 minimalistisch-elegant gestylten Zimmer sind oft ausgebucht. Von den Balkons der Zimmer 5, 6 und 12 und von der Frühstücksterrasse im 1. Stock hat man einen herrlichen Blick auf den Sonnenaufgang über dem Meer.

Englischer Country-Charme – **The Hughenden:** ■ **F 8,** 14 Queen St., Woollahra, Tel. 02 93 63 48 63, www. hughendenhotel.com.au, Bus: 333, 380, L82 ab Circular Quay, 378 ab Central Station und Bondi and Bay Explorer, DZ 168–348 A-$ inkl. Frühstück. Dieses Hotel verbindet Eleganz und Atmosphäre eines viktorianischen Herrenhauses mit den Annehmlichkeiten eines guten Großstadthotels. Das mit erlesenen alten Möbeln bestückte Hughenden wirkt beinahe museal. Die kunstsinnigen Besitzerinnen haben ihr 35-Zimmer-Hotel zu einem Forum junger Maler gemacht, die in Wechselausstellungen ihre Werke präsentieren können.

Zimmer mit Ausblick – **Vibe Rushcutters:** ■ **F 6,** 100 Bayswater Rd., Rushcutters Bay, Tel. 02 83 53 89 88, www. vibehotels.com.au, Bus: 311, 333, 350, DZ 355–495 A-$. Wer in diesem modernen Boutiquehotel ein Zimmer zur Hafenseite gemietet hat, kommt in den Genuss eines *view with a room*. Ruhige Lage in einer der teuersten Wohngegenden der Stadt, schöne Frühstücksterrasse und beheizbarer Pool auf der Dachterrasse. Günstige Onlinebuchung!

Flair des 19. Jahrhunderts – **Victoria Court:** ■ **E 6,** 122 Victoria St., Potts Point, Tel. 02 93 57 32 00, www.victo riacourt.com.au, Bus: 311, 333, 350, DZ 135–210 A-$ inkl. Frühstück. In diesem 1881 erbauten, renovierten und prachtvoll eingerichteten Terrassenhaus strahlen Originalmobiliar und -dekor aus der Kolonialzeit eine altehrwürdige Atmosphäre aus. Der Service ist individuell, wie man ihn in größeren Häusern kaum findet. Ruhig, obgleich nur wenige Gehminuten von den Zentren des Nachtlebens entfernt.

Essen und Trinken

Neue Gaumenkitzel

Das australische 7-Gänge-Menü bestehe aus einem Steak mit *baked beans* aus der Dose und einem Sixpack Bier – dieser Witz gehört zum Glück längst der Vergangenheit an. Das Beste, was der australischen Küche, die lange Zeit ähnlich schlicht war wie die britische, passieren konnte, war der Zustrom kreativer Köche aus dem südeuropäischen und ostasiatischen Raum nach dem Zweiten Weltkrieg. Der wichtigste Aspekt der neuen facettenreichen Gastronomie-Landschaft Australiens ist ihre Inspiration durch die Außenwelt. So multikulturell Sydney heute ist, so wird dort auch gekocht und gespeist – von äthiopisch bis zypriotisch.

Die zeitgenössische australische Küche

Aufgeschlossen für Einflüsse von außen, begannen in den letzten Jahren innovative Chefköche, die moderne australische Küche zu kreieren – eine lebendige und experimentierfreudige *New Australian Cuisine*, die europäisch anmutet, aber einen deutlich asiatisch-pazifischen Stil hat. Die moderne Aussie-Küche zeichnet sich durch einfache, aber hochwertige Ingredienzen aus, die zunehmend raffinierter zubereitet werden. Manche Küchenchefs überraschen ihre Gäste mit Delikatessen wie Lammkotelett mit Macadamiakruste, im Bananenblatt gegartem Fischfilet oder gebackener Ozeanforelle auf Buschkräuter-Aioli.

Bush Tucker

Viele australische Meisterköche haben auch den Ureinwohnern auf die Finger geschaut und bereiten aufregende, dem verwöhnten Gaumen der Städter angepasste Bush-Tucker-Gerichte (*tucker* = Essen). Und Bush Tucker ist alles wild Wachsende und wild Lebende, das essbar und genießbar ist. In manchen Restaurants Sydneys kann man neben Känguru weitere Gerichte der sogenannten Buschküche goutieren, etwa Büffel-, Emu-, Kamel- oder Krokodilsteaks.

Fisch und Meeresfrüchte

Liebhaber von Fischspezialitäten und Meeresfrüchten kommen in Sydney voll auf ihre Kosten. Das fangfrische *seafood* zählt nach Meinung von Feinschmeckern zum besten der Welt. Ausgezeichnete Meeresfische sind Snapper (weiß, sehr zart), Whiting (weiß, ähnlich unserem Kabeljau), John Dory (kräftig, leicht süßlich) und Trevalla (festes Fleisch). Sehr schmackhaft ist der barschähnliche Barramundi, den man in nördlichen Binnengewässern fängt und der gebacken oder gegrillt serviert wird. Hoch im Kurs stehen auch Krustentiere wie Hummer und Krabben oder Schalentiere wie Austern und Muscheln.

Preise

Dining out – das abendliche Essengehen gehört zum Savoir-vivre der Sydneysiders, die unter mehr als 4000 Restaurants wählen können. Selbst Sydneys

›bessere‹ Restaurants sind im Vergleich zu anderen Weltmetropolen günstig – so schlägt ein Dinner ohne Getränke mit kaum mehr als 25–30 A-$ zu Buche. Und auch in Spitzenrestaurants muss man oft nicht mehr als 50 A-$ für ein Hauptgericht zahlen. Zusätzlich sparen kann man in den beliebten BYO-Lokalen, in die man seine alkoholischen Getränke selbst mitbringen darf (s. S. 96). Preiswert, aber gut und reichlich isst man an den Theken vieler Pubs, wo sog. *counter meals* serviert werden, oder in den Food Malls von Einkaufszentren. Das Gleiche gilt für die zahlreichen asiatischen *Take-away*-Lokale, die sich in allen Stadtteilen Sydneys finden.

Restaurantmeilen

In den folgenden Straßen und Stadtvierteln gibt es zahlreiche Restaurants unterschiedlicher Ausrichtung, die zu einer kulinarischen Entdeckungsreise einladen:
Circular Quay: ▶ C 4
Finger Wharf, Woolloomooloo: ▶ D/E 5
Chinatown: ▶ B 7
Harbourside, Darling Harbour: ▶ B 6
King Street Wharf: ▶ B 5
Cockle Bay Wharf: ▶ B 6
Infos im Internet: www.bestrestaurants.com.au, www.eatability.com.au.

Rauchen und Alkohol

In Restaurants, Bars und Pubs ist Rauchen untersagt. Tabu ist der Griff zum Glimmstängel auch in öffentlichen Gebäuden, Flugzeugen, Bussen oder Bahnen sowie in Geschäften und Einkaufszentren, Kinos und Theatern.

Streng sind auch die Alkoholgesetze: Zum Kaufen und Konsumieren muss man mind. 18 Jahre alt sein. Zudem ist der Konsum alkoholischer Getränke auf vielen öffentlichen Plätzen untersagt.

Asiatisch

Modern chinese – **Billy Kwong:** ■ **D 8,** 3/355 Crown St., Surry Hills, Tel. 02 93 32 33 00, www.kyliekwong.org, Bus: 380, L82 ab Circular Quay, 311, 378 ab Central Station, Mo–Do 18–22, Fr, Sa 18–23, So 18–21 Uhr, Hauptgerichte 26–49 A-$. Der kreative Kopf dieses kleinen, ungewöhnlichen Lokals ist Australiens Fernsehkochstar Kylie Kwong. Mit viel Fantasie und einem untrüglichen Gespür für die Kombination guter Zutaten verwandelt Frau Kwong Marktfrisches in Gerichte, die als Inbegriff der ›modernen chinesischen Küche‹ gelobt werden. Keine Reservierungen möglich. Gute Auswahl auch für Vegetarier.

Edles Ambiente – **China Doll:** ■ **D/E 5,** Area 8, Finger Wharf, 6 Cowper Wharf Rd., Woolloomooloo, Tel. 02 93 80 67 44, www.chinadoll.com.au, Bus: 311, tgl. 12–15, 18–22.30 Uhr, Hauptgerichte 26–39 A-$. Elegant, zum Drinnen- und Draußensitzen, gilt als eines der besten chinesischen Restaurants Australiens.

Gut und günstig – **Food Court:** ■ **B 7,** s. S. 59.

Dim-Sum-Häppchen – **Marigold:** ■ **B 7,** s. S. 59.

Taiwanesische Spezialitäten – **Mother Chu's:** ■ **B 7,** s. S. 59.

Scharf, schärfer, am schärfsten – **Red Chilli:** ■ **B 7,** s. S. 59.

Cafés

Im Kunsttempel – **Art Café:** ■ **D 5,** s. S. 53.

Bohème-Flair – **Badde Manors Café:** ■ **westl. von A 6,** 37 Glebe Point Rd., Glebe, Tel. 02 96 60 18 35, www.bademanorscafe.com, Bus: 431, tgl. 7–24 Uhr, Gerichte 8,50–22 A-$. Treffpunkt Kreativer aus der Literaten- und Bohème-Szene des hippen Stadtteils Glebe sowie Liebhabern exquisiter Kaffeesorten und kleiner asiatischer Gerichte.

Draußensitzen – **Botanic Gardens Café: :** ■ **D 5,** s. S. 42.

Beliebte Koffein-Tankstelle – **Café Fellini:** ■ **E 7,** 328 Victoria St., Darlinghurst, Tel. 02 93 60 79 69, Bus: 311, 333, 350, tgl. 7.30–24 Uhr, Gerichte 12–22 A-$. Hier treffen sich nightlifegeschädigte Sydney-Yuppies und Urlauber zum Power-Brunch, der auch müdeste Lebensgeister weckt. Immer gut besucht, nur Frühaufsteher finden garantiert einen Platz.

Snack-Stop vor dem Hafenpanorama – **MCA Café:** ■ **aB 3,** Circular Quay West, The Rocks, Tel. 02 92 41 42 53, Bus: 431–434 und Sydney Explorer, tgl. 10–16.30 Uhr, Gerichte 12,50–29,50 A-$. Das Café im Museum of Contemporary Arts bietet sich an für ein leichtes Mittagessen oder einen Kaffee zwischen Altstadtbummel und Museumsbesuch.

Snack-Stop – **Piccadilly Café:** ■ **F 8,** s. S. 45.

Schöne Aussicht – **Portobello Caffe:** ■ **C 4,** s. S. 39.

Im historischen Viertel – **The Rocks Café:** ■ **aB 3,** 99 George St., The Rocks, Tel. 02 92 47 30 89, www.therockscafe.com.au, Bus: 431–434 und Sydney Explorer, tgl. 9–23 Uhr, Gerichte 9,50–25 A-$. Diätbewusste setzen im Rocks Café am besten die Scheuklappen auf – das Angebot an Kuchen, Torten und anderen Leckereien ist unwiderstehlich. In dem beliebten Café, das mit alten Holztischen und abgewetzten Lederlehnen nicht ohne Stolz seine gut 150 Jahre zur Schau stellt, wird aber auch gutes, preiswertes Mittag- und Abendessen serviert. Zur *lunch break* immer voll!

In kolonialem Ambiente – **The Vintage Café:** ■ **aB 3,** s. S. 31.

Gourmet-Lokale

Dinner with a view – **Guillaume at Bennelong:** ■ **D 3,** Sydney Opera House, Bennelong Point, City, Tel. 02 92 41 19 99, www.guillaumeatbennelong.

Kaffee-Spezialitäten

Seit italienische Einwanderer Anfang der 1960er-Jahre im Stadtteil Leichhardt die ersten Espressomaschinen des Fünften Kontinents in Betrieb nahmen und damit ihre Kaffeekultur nach Sydney brachten, ist der kleine Schwarze ein großes Kultobjekt. In guten Cafés brüht ihn nicht irgendwer auf, sondern der Meister der Kaffeekunst, genannt Barista. Einen unterhaltsamen Einblick in die Kaffee- und Schokoladenkultur in Sydney erhält man auf den 2,5- bis 3-stündigen **Chocolate Espresso Tours**, die samstags 9.45 und 13.45 Uhr sowie sonntags 10.30 Uhr am Martin Place starten (▶ C 5, 1 Martin Pl., nahe 374 George St., Tel. 04 17 16 77 66, www.chocolateespresso.com.au, Tickets: 70–90 A-$).

Mit 150 Jahren Tradition ist das The Rocks Café eine Institution in der Stadt

com.au, Bus: 431–434 und Sydney Explorer, Mo–Sa 17.30–23, Do, Fr auch 12–15 Uhr, Hauptgerichte 38–75 A-\$. Von einem Tisch am Fenster des romantischen Restaurants bietet sich einer der schönsten Blicke auf die Harbour Bridge und die ein- und auslaufenden Hafenfähren. Im vornehmen Ambiente dieses Gourmettempels, in dem die ›moderne australische Küche‹ von Sterne-Koch Guillaume Brahimi höchst kreativ interpretiert wird, zelebrieren betuchte Besucher des Opera House zudem das Sehen und Gesehenwerden.

Edelitaliener – **Otto Ristorante:** ◼ **D/E 5:** Area 8, Finger Wharf, 6 Cowper Wharf Rd., Woolloomooloo, Tel. 02 93 68 74 88, www.otto.net.au, Bus: 311, tgl. 12–22.30 Uhr, Hauptgerichte 39–68 A-\$. Gegrillter Barramundi mit Olivenöl, Riesengarnelen mit Zucchini, Lammkoteletts mit Rosmarin und Zitrone und andere Köstlichkeiten – australische Zutaten in exzellenter Weise auf italienisch-mediterrane Art zube-

reitet. Rechtzeitige Reservierung wird dringend empfohlen!

Klassiker – **Rockpool:** ◼ **aB 3,** 107 George St., The Rocks, Tel. 02 92 52 18 88, www.rockpool.com.au, Bus: 431–434 und Sydney Explorer, Di–Sa 18–23 Uhr, 4-Gang-Menü 145 A-\$, 8-Gang-Menü 195 A-\$. Vornehmes Speiselokal, das seit 20 Jahren die Gastro-Kritiker begeistert. Das Motto von Küchenchef Neil Perry lautet: »East meets west«. Seine Kreationen, vor allem Fischgerichte, sind eine Mischung aus klassischen asiatischen Rezepturen mit einem kräftigen Schuss Italienisch-Französischem. Unbedingt reservieren!

Kulinarische Institution – **Sailors Thai:** ◼ **aB 2/3,** 106 George St., The Rocks, Tel. 02 92 51 24 66, www.sailorsthai.com.au, Bus: 431–434 und Sydney Explorer, Mo–Fr 12–14.30, 18–22, Sa 18–22 Uhr (Canteen Mo–Sa 12–22 Uhr), Hauptgerichte 26–39,50 A-\$, in der Canteen 16–29 A-\$. David Thompson kocht mit dem Herz eines Thailänders. Von langen Aufenthalten im fernöstlichen Königreich hat er wunderbare, zum Teil sehr alte Rezepte mitgebracht, die er auf raffinierte Weise neu interpretiert. Dies ist auch der Grund, weshalb das Sailors Thai seit Jahren einen Spitzenplatz in der Gastroszene behauptet. Weniger strapaziert wird die Geldbörse in der Sailors Thai Canteen im Obergeschoss.

Gut und günstig

Beliebt bei den Locals – **Blue Fish:** ■ **B 6,** 287 Harbourside Promenade, Darling Harbour, Tel. 02 92 11 03 15, www. bluefishsydney.com.au, Bahn: Monorail bis Harbourside, tgl. 11–23 Uhr, Gerichte ab 19,90 A-$. Das bodenständige, besonders von Einheimischen besuchte Seafood-Restaurant kann sich mit einer besonderen Auszeichnung schmücken – dem ›Australia's Best Fish & Chips Award 2009‹.

Steaks at their best – **Churrasco:** ■ **D 6,** 60–70 William St./Ecke Riley St., East Sydney, Tel. 02 93 60 60 70, Mo–Fr 12–15, 18–24, Sa, So 18–24 Uhr, Menü ab 35 A-$. Hierhin kommt man, um australische Steaks in *brazilian style* und andere Fleischgerichte zu genießen; nichts für Vegetarier.

Beliebt und günstig – **Jordons:** ■ **B 6,** 198 Harbourside Promenade, Darling Harbour, Tel. 02 92 81 37 11, www. jordonsrestaurant.com.au, Bahn: Monorail bis Harbourside, tgl. 11–23 Uhr, Hauptgerichte 30–35,50 A-$. Stimmungsvolles Restaurant in Sydneys größtem Freizeitpark. Die Terrassenplätze sind vor allem abends heiß begehrt, wenn die Lichter der City-Skyline über der Cockle Bay glitzern.

Italienische Leckereien – **Macchiato:** ■ **C 6,** Pitt St./Ecke Liverpool St., City, Tel. 02 92 62 95 25, www.macchiato. com.au, Bahn: City Circle bis Museum, tgl. 10–24 Uhr, Gerichte 15,50–37,50 A-$. Beste Pasta und Pizza, Seafood und Steaks. Der Service ist ebenso flott wie freundlich.

Chinesisch, thailändisch – **Sea Bay:** ■ **C 7,** 372 Pitt St., City, Tel. 02 92 67 48 55, Bahn: City Circle bis Museum, Mo–Sa 11–22.30 Uhr, Gerichte 9,50–22 A-$. Vor den unscheinbaren, immer proppenvollen Restaurant, in dem ausgezeichnete chinesische und thailändische Gerichte serviert werden, stehen die Leute Schlange und warten geduldig, bis ein Tisch frei wird.

Seafood

Institution für Seafood-Freunde – **Doyles on the Beach:** ■ östl. von **H 1,** 11 Marine Par., Watsons Bay, Tel. 02 93 37 20 07, www.doyles.com.au, Schiff: Hafenfähre ab Circular Quay Pier 4, tgl. 12–15, 18–21.30 Uhr, Hauptgerichte 35–45 A-$. Das bekannteste Seafood-Restaurant von Sydney ist seit Jahrzehnten eine kulinarische Wallfahrtsstätte. Eingekauft wird täglich frisch auf dem Sydney Fish Market, wo sich auch eine Dependance von Doyles befindet (Tel. 95 52 43 39, tgl. 11.30–15 Uhr). Ein weiterer Ableger befindet sich am Circular Quay West (Tel. 02 92 52 34 00, tgl. 11–23 Uhr). Wegen des Blicks auf die Skyline sollte man einen Platz auf der Terrasse reservieren.

Nüchterne Einrichtung, solide Kost – **Fish Face:** ■ **D/E 7,** 132 Darlinghurst Rd., Darlinghurst, Tel. 02 93 32 48 03, www.fishface.com.au, Bus: 311, 333, 350, Mo–Sa 18–22, So 18–21 Uhr,

Hauptgerichte 34–39 A-$. Fangfrischer Fisch und andere Meeresfrüchte werden in dem kleinen Lokal bodenständig und liebevoll zu annehmbaren Preisen zubereitet. Reservierungen sind nur von 18 bis 19 Uhr möglich. Wer nicht sofort einen Platz bekommt, kann in der Kneipe nebenan ein Bier trinken und wird dann gerufen, sobald ein Tisch frei ist.

Seafood at its best – **Flying Fish:** ■ **A 4/5,** Jones Bay Wharf, 19–21 Pirrama Rd., Pyrmont, Tel. 02 95 18 66 77, www.flyingfish.com.au, Light Rail ab Central Railway Station, Di–Fr 12–14.30, 18–22.30, Sa 18–22.30, So 12–15.30 Uhr, Hauptgerichte 39–45 A-$. Der Küchenchef persönlich kauft jeden Morgen die fangfrischen Zutaten auf dem nahe gelegenen Fischmarkt ein – kein Wunder, dass man hier in Sachen Fisch und Meeresfrüchte kleine Wunder vollbringt. Bei Krabben-Tempura holt man sich Appetit auf die Hauptgerichte, die asiatisch oder mediterran beeinflusst sind.

Nicht billig, aber preisverdächtig – **Pier:** ■ **östl. von H 5,** 594 New South Head Rd., Rose Bay, Tel. 02 93 27 65 61, www.pierrestaurant.com.au, Schiff: Hafenfähre ab Circular Quay Pier 4, tgl. 12–15, 18–22 Uhr, Hauptgerichte 50–65 A-$. Dieses elegante, auf einem Pier erbaute Fischrestaurant ist ein begnadeter Platz – vor dem grandiosen Hafenpanorama wird hier Seafood erster Güte serviert. Vom »Sydney Morning Herald« wiederholt zum besten Seafood-Restaurant der Stadt gekürt!

Seafood with a view – **Sails:** ■ **C 2,** s. S. 37.

Frisch aus Neptuns Garten – **Sydney Fish Market:** ■ **A 6,** s. S. 62.

Dorado für Seafood-Fans – **The Boathouse on Blackwattle Bay:** ■ **westl. A 6,** End of Ferry Rd., Glebe, Tel. 02 95 18 90 11, www.boathouse.net.au, Bus: 431, Lunch Do–So ab 12 Uhr, Dinner Di–So ab 18 Uhr, Hauptgerichte 36–48 A-$. Trendiges und beliebtes Sea-

Exzellentes Seafood und traumhafte Lage am Wasser: Doyles on the Beach

Lokale Gepflogenheiten

BYO – diese drei Buchstaben prangen an den Eingangstüren vieler Restaurants und Lokale. Diese besitzen keine Ausschankgenehmigung für alkoholische Getränke und BYO steht für **bring your own.** Dieses Angebot wird auch gerne angenommen. Denn eine Flasche Wein ist in einem *bottle shop, liquore store* oder einer *winery* allemal preiswerter als in einem lizenzierten Restaurant *(fully licensed restaurant),* auch wenn die Wirte von BYO-Lokalen meist eine geringe Gebühr für die Getränkekühlung und das Öffnen der Flaschen erheben.

In Spitzenrestaurants gilt die Devise **»Please wait to be seated!«.** Es ist üblich, am Eingang oder an der Bar zu warten, bis man einen Platz zugewiesen bekommt. Eine rechtzeitige Tischreservierung ist in den meisten Top-Restaurants ebenso unerlässlich wie elegante Abendkleidung.

food-Lokal mit schönem Blick, Top-Adresse für Austern-Liebhaber. Bringen Sie etwas Geduld mit, denn Küchenchef Perry Hill pflegt zu sagen: »Please don't rush your order, good food takes time!«

Szene und Ambiente

Gaumenschmaus und Musikgenuss – **Chinta Ria – Temple of Love:** ■ **B 6,** Level 2, The Roof Terrace, Cockle Bay Wharf, 201 Sussex St., Darling Park, Tel. 02 92 64 32 11, www.chintaria.com, Bahn: Monorail bis Darling Park, Mo–Sa 12–14.30, 18–23, So 18–22.30 Uhr, Vorspeisen 13,50–28,50 A-$, Hauptgerichte 16–32 A-$. Malaysische Gerichte und gute Musik unter dem Motto ›Hot Food & Cool Jazz‹. Propiertipp: Sate Ayam – gegrillte Hühnerfleischspießchen mit würzig süßer Erdnusssauce. Fürs Dinner keine Tischre- servierung!

Mit Kultstatus – **Harry's Café de Wheels:** ■ **E 5,** Cowper Wharf Roadway, Woolloomooloo, Tel. 02 93 57 30 74, www.harryscafedewheels.com.au, Bus: 311, tgl. 8–3 Uhr, Gerichte 4–7,50 A-$. Seit über einem halben Jahrhundert ist dieser urige Imbiss-Waggon eine ku-

linarische Institution der Stadt – hier gibt's zu Retro-Musik von den Beach Boys und Bee Gees die besten *Meat Pies* und *Hot Dogs* von Sydney. Einfach ›yummy‹ (lecker) wie die Aussies sagen. Ursprünglich verköstigte Harry Matrosen vom nahen Garden-Island-Marinestützpunkt, die des kargen Kombüse-Essens überdrüssig waren. Zu dieser Stammklientel gesellten sich im Laufe der Zeit Nachtschwärmer jeglicher Couleur.

Ultracoole Location – **Manta:** ■ **D/E 5,** Area 7, Finger Wharf, 6 Cowper Wharf Rd., Woolloomooloo, Tel. 02 93 32 38 22, www.mantarestaurant.com. au, Bus: 311, tgl. 12–15, 18–22 Uhr, Hauptgerichte 39–55 A-$. Das angesagte Restaurant in einer stilvoll restaurierten Werftanlage ist Treffpunkt gut situierter Sydneysiders, die vor dem Hafenpanorama frisches, leichtes und originelles Seafood mit exotischem Touch (z. B. Artischockensuppe mit Krabbenfleisch) genießen. An einem sonnigen Tag unbedingt einen Terrassentisch reservieren!

Steaks, Seafood und Straßenkino – **The Bourbon:** ■ **E 6,** 24 Darlinghurst Rd., Kings Cross, Tel. 02 93 58 11 44, www.thebourbon.com.au, Bus: 324, 325, Mo–Fr 10–6, Sa, So 9–6 Uhr, Hauptgerichte 15–25 A-$. Hier erhält man zu fast jeder Tages- und Nachtzeit eine leckere Mahlzeit zu annehmbaren Preisen. Spezialitäten des Restaurant-Bar-Komplexes auf drei Ebenen sind Steaks, Seafood und mexikanische Gerichte. Zudem ein guter Platz für ›Straßenkino‹, das in diesem Viertel zwischen Stripteasebars und Galerien, Restaurants und Pornokinos besonders bunt und abwechslungsreich ausfällt.

Vor dem Hafenpanorama – **Wolfie's Grill:** ■ **aB 2,** 19–21 Circular Quay West, The Rocks, Tel. 13 00 11 51 16, www.wolfiesgrill.com.au, Bus: 431–434 und Sydney Explorer, tgl. 12–23 Uhr, Hauptgerichte 29–46 A-$. Rustikales Lokal in einem kolonialen Backsteinhaus unter der Harbour Bridge, das mit exzellenter australischer Hausmannskost lockt, vor allem Steaks (auch Känguru) und über Holzkohle gegrilltes Seafood.

Typisch Sydney

Ungewöhnliches Ambiente – **Bathers Pavilion:** ■ **nördl. von H 1,** 4 The Esplanade, Balmoral, Tel. 02 99 69 50 50, www.batherspavilion.com.au, Schiff/Bus: Hafenfähre ab Circular Pier 2 bis Taronga Zoo, dann Bus 238, tgl. 12–14, 18.30–20.30 Uhr, 2- oder 3-gängiges Menü 75–115 A-$. Das preisgekrönte Restaurant in einem ehemaligen Badepavillon im maurischen Stil am Strand von Balmoral bietet beste (südeuropäisch und asiatisch beeinflusste) ›moderne australische Küche‹. Vor allem am Wochenende unbedingt reservieren.

Koloniales Flair – **Bel Mondo:** ■ **aA 2,** Gloucester Walk, The Rocks, Tel.

02 92 41 37 00, www.belmondo.com.au, Bus: 431–434 und Sydney Explorer, Mo–Do 18–22, Fr 12–15, 18–22, Sa 18–22 Uhr, 2- oder 3-gängiges Menü 35–85 A-$. Das feine Lokal in historischem Kolonialgemäuer ist bekannt für seine innovative Küche und bietet neben exzellenten italienischen Gerichten auch ›moderne australische‹ Gaumenfreuden.

Kreative Gaumenkitzel – **Bistro CBD:** ■ **C 5,** Level 1, 52 King St./Ecke York St., City, Tel. 02 82 97 70 10, Bahn: City Circle bis Martin Place, Mo–Fr 12–15, 18–22 Uhr, Hauptgerichte 25,50–42 A-$. Hier genießen leitende Angestellte aus dem Central Business District die smarte, ansprechende Kost von Küchenchef Simun Dragicevich, der frische regionale Produkte mit kreativen Ideen verfeinert.

Zum Draußensitzen – **Botanic Gardens Restaurant:** ■ **D 5,** s. S. 42.

In Tuchfühlung mit den Wolken – **Forty One:** ■ **C 5,** s. S. 47.

Bestes Fusion Food – **The Art of Dining:** ■ **D 5,** s. S. 53.

Innovative Crossover-Küche – **The Wharf:** ■ **aA 1,** Pier 4, Hickson Rd., Walsh Bay, Millers Point, Tel. 02 92 50 17 61, www.thewharfrestaurant.com.au, Bus: 431–434 und Sydney Explorer, Mo–Sa 11–15, 18–23 Uhr, Hauptgerichte 25–38 A-$. Am Ende der einstigen Lagerhalle, die heute Domizil der Sydney Theatre Company und der Sydney Dance Company ist, liegt dieses Nouvelle-Cuisine-Restaurant mittleren Preisniveaus. Hier vor oder nach einer Vorstellung zu dinieren. lohnt wegen der asiatisch angehauchten Speisekarte, des Blicks auf die Harbour Bridge und wegen des interessant gemischten Publikums.

Einkaufen

Shopping in Sydney

Wie in anderen Weltmetropolen bekommt man auch in Sydney ausgesuchte Markenartikel von Bulgari, Chanel, Gucci und Prada sowie Designermode von Hugo Boss, Christian Dior, Salvatore Ferragamo, Versace, Louis Vuitton u. v. a. In den Shoppingcentern der Stadt findet man zudem Kreationen angesagter australischer Modedesigner wie Alex Perry, Akira Isogawa, Charlie Brown, Collette Dinnigan, Leona Edmiston, Lisa Ho und Kirrily Johnston. Oder man greift auf Klassisches zurück, etwa robuste Outdoor-Bekleidung, wie sie von *stockmen*, den australischen Cowboys, getragen wird. Weitere praktische Mitbringsel sind Lederwaren und Wollsachen wie Pullover aus Merinowolle, Schaf- und Kängurufelle. Groß ist auch das Angebot an Sportmode sowie trendiger Strand- und Badekleidung.

Typische, aber nicht eben billige Aussie-Souvenirs sind Opale (s. S. 100), andere Edel- und Halbedelsteine sowie Perlenschmuck aus dem tropischen Norden. Meist ebenfalls nicht gerade günstig ist Kunst(-handwerk) der Aborigines wie Bilder, Rindenmalereien, Bumerangs oder Didgeridoos. Qualitativ hochwertige Produkte verkaufen die von Aborigines betriebenen Galerien und Läden.

Shoppingmeilen

Zum Einkaufsbummel verlocken Shoppingcenter von Weltrang, die sich vor allem an der George Street und Elizabeth Street in der City konzentrieren. Die meisten Souvenirläden befinden sich in der Altstadt The Rocks. Eine der interessantesten Shoppingmeilen ist die Oxford Street in Paddington mit Designershops und Trendboutiquen. Individuelle Läden findet man in Balmain, Glebe, Newtown und Surry Hills.

Märkte

Sammler und Schnäppchenjäger entdecken unter viel Ramsch und Trödel oftmals auch schöne Mitbringsel auf den Flohmärkten von Sydney. Am Wochenende werden regelmäßig Straßenmärkte für Kunst und Kunsthandwerk abgehalten. Das Angebot umfasst vor allem Glas, Keramik und Schmuck sowie Holz- und Lederarbeiten.

Nicht versäumen!

Die samstäglichen Paddington Markets sind legendär (s. S. 45). Eine riesige Auswahl an Souvenirs findet man auch auf dem samstags und sonntags stattfindenden The Rocks Market (s. S. 99).

Öffnungszeiten

Geschäfte und Läden sind meistens Mo–Mi 9–18, Do 9–21 und Fr, Sa zwischen 9 und 17 Uhr geöffnet, Geschäfte in den Malls oft auch sonntags 11–17 Uhr. Manche Lebensmittelläden sowie die »Milk Bars« (Mini-Krämerläden) sind häufig bis in die späten Abendstunden sowie an Sonn- und Feiertagen geöffnet.

Bücher

Fundgrube für Bibliophile – **Ariel Bookshop:** ◼ **aB 3 und D/E 7,** 103 George St., The Rocks, Tel. 02 92 41 56 22, Bus: 431–434 und Sydney Explorer, Mo–Fr 9–19, Sa, So 10–16 Uhr; und 42 Oxford St., Paddington, Tel. 02 93 32 45 81, www.arielbooks.com.au, Bus: 333, 380, L82 ab Circular Quay, 378 ab Central Station und Bondi and Bay Explorer, Mo–Sa 8.30–24, So 9–20 Uhr. Große Auswahl an englischsprachigen Romanen, Sachbüchern, Reiseführern, Fotobänden und Magazinen. Zahlreiche Titel zu Sydney und Australien.

Mit Literaturcafé – **Berkelouw Booksellers:** ◼ **D/E 7,** s. S. 43.

Delikatessen und Lebensmittel

Edle Tropfen – **Australian Wine Centre:** ◼ **C 4,** 7 Alfred St., Circular Quay, City, Tel. 02 92 47 27 55, www.australianwinecentre.com, Bus: 431–434 und Sydney Explorer, Mo–Fr 9–19, Sa, So 10–16 Uhr. Im Wine Centre erfährt man Wissenswertes zum Thema australischer Wein. Eine Probierstube und ein Restaurant laden zum Verweilen ein, im Geschäft findet man erlesene Weine aus allen australischen Anbaugebieten.

Essbare Kunstwerke – **Sweet Art:** ◼ **E 7,** s. S. 44.

Alles für den Gaumen – **The Rocks Farmers' Market:** ◼ **aA/aB 3,** Argyle St., The Rocks, Tel. 02 92 40 87 17, www.therocksmarket.com, Bus: 431–434 und Sydney Explorer, Fr 9–15 Uhr. Bunter ›Bauernmarkt‹; angeboten werden vor allem Obst, Gemüse und konfektionierte Lebensmittel.

Flohmärkte und Märkte

Viel Lokalkolorit – **Balmain Market:** ◼ **westl. von A 4,** St. Andrews Church, Darling St./Ecke Curtis Rd., Balmain, www.balmainmarket.com.au, Schiff: Hafenfähre ab Circular Quay Pier 5, Sa 8.30–16 Uhr. Jede Menge Ramsch, aber manchmal auch Entdeckungen unter den Antiquitäten, Büchern und Klamotten aus erster, zweiter oder dritter Hand. Nett zum Stöbern und zum Leutebeobachten.

Bunter Markt – **Manly Arts and Craft Market:** ◼ **nordöstl. von H 1,** Sydney Rd., Manly, www.blueskymarkets.com.au, Schiff: Jetcat (Tragflügelboot) ab Circular Quay Pier 2, Hafenfähre ab Circular Quay Pier 3, Sa, So, Fei 10–17 Uhr. Markt für Kunst und Kunsthandwerk, Textilien und Trödel, Obst und Gemüse.

Sydneys berühmtester Open-Air-Markt – **Paddington Markets:** ◼ **F 8,** s. S. 45.

Pilgerziel für Schnäppchenjäger – **Paddy's Market:** ◼ **B 7,** s. S. 59.

Spektrum des Kunsthandwerks – **The Rocks Market:** ◼ **aB 2,** George St., The Rocks, Tel. 02 92 40 87 17, www.therocksmarket.com, Bus: 431–434 und Sydney Explorer, Sa, So 10–18, im Winter bis 17 Uhr. Jedes Wochenende zwängen sich Tausende Kauf- und Schaulustige durch die engen Gänge dieses überdachten Straßenmarkts. Das Angebot der über 150 Stände dominieren qualitativ hochwertige kunsthandwerkliche Souvenirs. Von Nov.–März findet jeden Freitag von 17.30–22 Uhr der »Rocks Market by Moonlight« statt. Verkauft werden Kunsthandwerk, Kulinarisches sowie Kurioses.

Einkaufen

Geschenke, Souvenirs, Design

Älteste Galerie in Paddington – **Barry Stern Gallery:** ■ **E 7,** s. S. 44.

Virtuose Naturfotos – **Ken Duncan Gallery:** ■ **aB 2,** 73 George St., The Rocks, Tel. 02 92 41 34 60, www.kenduncan.com, Bus: 431–434 und Sydney Explorer, Mo–Fr 9–18, Sa, So 10–18 Uhr. Meisterfotograf Ken Duncan beherrscht seine Panoramakamera virtuos. Seine großformatigen Aufnahmen australischer Landschaften faszinieren durch ihre ungewohnten Blickwinkel und dramatischen Farben.

Made in Australia – **Object Gallery:** ■ **D 7,** 417 Bourke St., Surry Hills, Tel. 02 93 61 45 11, www.object.com.au, Bus: 380, L82 ab Circular Quay, 311, 378 ab Central Station, Di–Fr 11–17, Sa, So 10–17 Uhr. Das Zentrum für Kunsthandwerk und Design präsentiert die wichtigsten australischen Vertreter und gibt einen Überblick von Objektdesign bis Mode.

Bunte Palette – **The Rocks Centre:** ■ **aB 3,** Argyle St./Ecke Playfair St., The Rocks, Bus: 431–434 und Sydney Explorer, tgl. 9–19 Uhr. Die ganze Bandbreite von Mitbringseln made in Australia, von Bumerangs über Plüsch-Kängurus bis hin zu Koala-Schlüsselanhängern. Aber zwischen all dem Tinnef findet man mit Glück auch originelle Stücke wie Eiswürfelformen im Umriss Australiens.

Kunst(-handwerk) der Aborigines

Laden und Kulturzentrum – **Gavala:** ■ **B 6,** Shop 131, Harbourside Shopping Centre, Darling Harbour, Tel. 02 92 12 72 32, Bahn: Monorail bis Harbourside, tgl. 10–19 Uhr. Die Galerie für Kunst und Kunsthandwerk der Ureinwohner im Besitz von Aborigines versteht sich als Cultural Education Centre: Künstler zeigen ihre Maltechnik und erläutern die Symbolik ihrer Bilder, erzählen Schöpfungsmythen aus der Traumzeit und spielen Didgeridoo, das dumpf tönende Holzrohr.

Kunst und Souvenirs – **Hogarth Galleries Aboriginal Art Centre:** ■ **E 7,** s. S. 45.

Hochwertige Handarbeiten – **Spirit of Down Under:** ■ **aB 3,** Shop 8, The

Opale

Sydney ist die Stadt der Opale. Da Opalkauf Vertrauenssache ist, sollte man Steine sowie Opalschmuck nur in renommierten Fachgeschäften erstehen. Oftmals kann man dort auch bei Vorlage von Reisepass und internationalem Flugschein steuerfrei einkaufen. Ein gutes Renommee haben: **Australian Opal Cutters,** ■ **C 6,** 3rd Floor, 295–301 Pitt St., City, Tel. 02 92 61 24 42, www.australianopalcutters.com, Bahn: City Circle bis St. James, Mo–Fr 9–18, Sa 10–17 Uhr); **Opal Fields,** ■ **C 4,** 190 George St., City, Tel. 02 92 47 68 00, www.opalfields.com.au, Bus: 431–434, Mo–Fr 9–19, Sa 10–17, So 11.30–17 Uhr); **The National Opal Collection,** ■ **C 5,** 60 Pitt St., City, Tel. 02 92 47 63 44, www.nationalopal.com, Bahn: City Circle bis St. James, Mo–Fr 9–19, Sa, So 10–16 Uhr.

Kulturzentrum und Ladenlokal in einem – das Gavala

Rocks Centre, Argyle St./Ecke Playfair St., The Rocks, Tel. 02 92 47 59 61, Bus: 431–434 und Sydney Explorer, tgl. 9.30–18.30 Uhr. Kein Ethno-Kitsch, sondern authentische kunsthandwerkliche Produkte der Ureinwohner, wie etwa Rindenmalereien, Holzschnitzereien und Flechtarbeiten sowie Bumerangs und Didgeridoos, die traditionellen Musikinstrumente der Aborigines (Einsteigermodelle ab ca. 180 A-$). Gegen Aufpreis auch Versand nach Übersee.

Mode und Accessoires

Traumhafte Designermode – **Akira:** ■ **F 8,** 12A Queen St., Woollarah, Tel. 02 93 61 52 21, www.akira.com.au, Bus: 333, 380, L82 ab Circular Quay, 378 ab Central Station und Bondi and Bay Explorer. Zwar gibt es die filigranen Stoffkompositionen des Design-Stars Akira Isogawa inzwischen auch in Europa, doch in Sydney sind die edlen Stücke nur halb so teuer.

Edelboutique – **Alicia Hollen:** ■ **E 8,** s. S. 44.

Schuhe für den Abend – **Astton Shoes:** ■ **F 8,** s. S. 44.

Designer Wear aus zweiter Hand – **Blue Spinach:** ■ **E 7,** 348 Liverpool St./Ecke Womerah Ave., Darlinghurst, Tel. 02 93 31 39 04, www.bluespinach. com.au, Bus: 311, 333, 350, Mo–Sa 10–18 Uhr. Auch das Budget modebewusster Damen und Herren ist in Zeiten wirtschaftlicher Flaute begrenzt. Warum also nicht schicke Designer-Klamotten aus zweiter Hand?

Elegantes Shoppingcenter – **David Jones:** ■ **C 5/6,** Elizabeth St./Ecke Market St., City, Tel. 02 92 66 55 44, www.davidjones.com.au, Bahn: City Circle bis St. James. Hinter dem simplen, fast langweiligen Namen verbirgt sich ein absolut exklusives Kaufhaus, das in einem Atemzug mit Harrods in London und Bloomingdale's in New

York genannt werden kann. Auf insgesamt sechs Etagen führt der 1838 gegründete Konsumpalast ausgesuchte Markenartikel und schicke Designer Wear internationaler Modeschöpfer sowie Kreationen australischer Modedesigner. Ein Pilgerziel für Gourmets ist die Lebensmittelhalle im Untergeschoss.

Schmuck aus Kunstharz – **Dinosaur Designs:** ■ **F 8,** s. S. 45.

Trendig und beliebt – **Done Art and Design:** ■ **aB 3,** 123–125 George St., The Rocks, Tel. 02 92 51 60 99, www.done.com.au, Bus: 431–434 und Sydney Explorer, tgl. 10–18 Uhr. Designer-Sportswear und hippe Freizeitklamotten sind hier erhältlich. Originelle Mitbringsel sind in jedem Fall die von Ken Done gestalteten Sydney-T-Shirts für 42,50 A-$ das Stück.

Trendorientiert – **Frat House:** ■ **E 8,** s. S. 45.

Gut behütet – **Helen Kaminski:** ■ **C 4,** Shop 3, Four Seasons Hotel, 199 George St., City, Tel. 02 92 51 98 50, www.helenkaminski.com, Bus: 431–434 und Sydney Explorer, Mo–Fr 9–19, Sa, So 9.30–19 Uhr. Wer sich mit einem klassisch-rustikalen Akubra-Filzhut als Sonnenschutz underdressed vorkommt,

wirft einen Blick in die Boutique von Sydneys führender Designerin von teils ungewöhnlichen Kopfbedeckungen. Hier findet man gewiss ein originelles Souvenir, das bereits während der Reise gute Dienste leistet.

Designed and made in Australia – **Hussy:** ■ **E 8,** s. S. 45.

Designerboutique – **Lisa Ho:** ■ **C 5,** Shop 62–66, Strand Arcade, 412–416 George St., City, Tel. 02 92 22 97 11, Bahn: City Circle bis Town Hall. An einigen von Sydneys schickeren Nightspots kann ›frau‹ sich leicht etwas underdressed vorkommen. Mit einem Zwischenstopp in einer Filiale dieser Damenboutique-Kette beugt sie dem vor. Die Kleidung ist nicht billig – aber das wissen natürlich auch die anderen Nachtschwärmer.

Trendige Strandkleidung – **Mambo:** ■ **östl. von H 8,** Campbell Par./Ecke Hall St., Bondi Beach, Tel. 02 93 65 22 55, www.mambo.com.au, Bus: 333, 380, L82 ab Circular Quay, 378 ab Central Station und Bondi and Bay Explorer. Die knallbunte, wild gemusterte Sport-, Schwimm- und Surfbekleidung dieser Kultmarke ist in vielen Shoppingcenter in Sydney erhältlich, die Zentrale aber befindet sich direkt an Sydneys Paradestrand.

Rückerstattung der Mehrwertsteuer

Australien gehört zu den Ländern, die Touristen die Umsatzsteuer (Goods and Services Tax, GST; zurzeit 10 %) zurückerstatten. Die Bedingung ist, dass jede der eingereichten Rechnungen mindestens 300 A-$ beträgt, dass man eine vom Händler ausgestellte Steuerrechnung mit der elfstelligen Steuernummer vorlegen kann und die Güter im Handgepäck mitführt. Die Rückerstattung erfolgt an Refund Counters in den Abflughallen der internationalen Flughäfen, am besten man präsentiert die Waren in Originalverpackung. Für die Formalitäten sollte man ausreichend Zeit einplanen. Infos: Tel. 13 00 36 32 63, www.customs.gov.au.

Wirbelwind der Modeszene – **Rebecca Ruby:** ■ **E 8,** s. S. 44.

Fashion Aussie Style – **R.M. Williams:** ■ **C 5,** 389 George St./Ecke King St., City, Tel. 02 92 62 22 28, www.rm williams.com.au, Bahn: City Circle bis Wynyard. Was den Amerikanern der *Stetson,* ist den Aussies der *Akubra,* ein breitkrempiger Hut aus dem Filz von Kaninchenhaar (ab 150 A-$). Zu der Ausstattung à la Crocodile Dundee gehören zudem *Moleskin-Jeans* im Eierschale-Farbton (ab 200 A-$) und *Aussie Boots,* halbhohe Stiefel mit einem seitlichen Gummieinsatz und einer Halte-schlaufe am Schaft (ab 250 A-$). Nicht fehlen darf ein *Driza-Bone* (ab 220 A-$), die australische Variante des Ostfriesen-Nerzes, der auch beim stärksten Tropenguss hält, was sein Name verspricht: »Dry as a bone« – knochentrocken.

Shopping mit goldener Kreditkarte – **Skygarden:** ■ **C 5,** Pitt Street Mall, City, Tel. 02 92 31 18 11, www.skygar den.com.au, Bahn: City Circle bis St. James. In diesem edlen Konsumtempel bekommt man wirklich alles: Modefummel von Giorgio Armani und Schuhe von Tino Lanzi – oder ganz große Augen, wenn man die eleganten Damen beim Geldausgeben beobachtet.

Nostalgisches Shopping-Vergnügen – **Strand Arcade:** ■ **C 5,** s. S. 57.

Rund um die Jeans – **That Store:** ■ **E 8,** s. S. 45.

Beste Qualität – **The Sheepskin Shop:** ■ **aB 3,** 139 George St., The Rocks, Tel. 02 92 41 10 99, www.sheep skinshop.com.au, Bus: 431–434 und Sydney Explorer, Mo–Fr 9.30–18.30, Sa, So 10–18 Uhr. Mäntel aus Schafleder und Pullover aus Schafwolle, Schuhe aus Känguruleder, Handtaschen aus Krokodilleder: Hier gibt es beste Handarbeit zu entsprechenden Preisen.

Mode für Männer – **tzaR:** ■ **E/F 8,** s. S. 45.

Für Trendbewusste – **Zeitgeist:** ■ **E 7/8,** s. S. 44.

Skurriles und Rares

Meisterwerke der Aerodynamik – **Duncan MacLennan Traditional Boomerangs:** ■ **E 6,** 224A William St., Kings Cross, Bus: 311, 333, 350, Mo–Fr 9–18, Sa 9–16 Uhr. Große Auswahl an Bumerangs, von fast geraden bis zu mehrfach gekrümmten. Sonntags von 10–12 Uhr erteilt der Besitzer kostenlosen Unterricht im Bumerangwerfen (Anmeldung: Tel. 02 93 58 23 70).

Kerzen – **The Candle Factory:** ■ **aB 2,** Shop 5, Metcalfe Arcade, 80–84 George St., The Rocks, Tel. 02 92 41 33 65, www.thecandlefactory.com.au, Bus: 431–434 und Sydney Explorer, tgl. 9.30–17.30 Uhr. Handgemachte Kerzen von kunstvoll bis kitschig, z. B. in Form von Eisbechern, Tortenstücken, Weihnachtsmännern, Totenköpfen oder Fußbällen. Die australische Tierwelt ist mit Koala-, Krokodil-, Platypus- und Spinnenkerzen vertreten.

Puppen aus aller Welt – **The Puppet Shop at the Rocks:** ■ **aB 3,** 77 George St., The Rocks, Tel. 02 92 47 91 37, www.thepuppetshop.com, Bus: 431–434 und Sydney Explorer, tgl. 10–17 Uhr. In diesem Mix aus Werkstatt, Verkaufsgalerie und Museum hängt der Himmel voller Puppen. Philippe de Meautis hat sie selbst gefertigt oder von seinen ausgedehnten Reisen mitgebracht.

Ausgehen – abends und nachts

Sydney bei Nacht

Die »Fun Cit« Sydney ist Australiens Hauptstadt des Nightlife. An Wochenenden stürzen sich über eine halbe Million Einheimische in das Nachtleben der Metropole. Die Möglichkeiten, Spaß zu haben, sind schier unendlich, sei es in Discos, historischen Pubs, gestylten Szenelokalen, Jazzclubs oder Musikkneipen.

Zentren des Nachtlebens

Die wichtigsten Amüsiermeilen befinden sich in Darlinghurst und Paddington mit jeweils Dutzenden Bars und Pubs, Discos und Nightclubs. Treffpunkte von Gays und Lesben konzentrieren sich entlang der Oxford Street. Bunt gemischt ist das Nightlife-Angebot in Kings Cross: Von gemütlichen Pubs bis zu eher schmuddeligen Sexclubs ist alles vertreten. Niveauvolle Nachtlokale gibt es im Nachbarviertel Woolloomooloo. Bodenständige Studentenkneipen finden sich vorwiegend in Balmain und Glebe. Im Altstadtviertel The Rocks genießt man in historischen Pubs z. T. selbst gebraute Biere. Ab dem späteren Freitagnachmittag verwandelt sich der Central Business District in ein Epizentrum brodelnden Nachtlebens, wenn honorige Geschäftsleute bei einer verlängerten *happy hour* mit reichlich Bier und Wein lautstark das Wochenende begrüßen.

Lokale Gepflogenheiten

In den meisten Diskotheken verlangt man 10–30 A-$ *cover charge* (Eintrittspreis, der bisweilen einen Drink beinhaltet). In Kneipen mit Rock, Blues und Folk ist der Eintritt meist frei, außer es spielt eine Spitzenband. Dann zahlt man ebenso wie in Jazz-Clubs 20–40 A-$.

Erfahrene Disco-Freaks begeben sich nicht vor Mitternacht auf den Nightlife-Highway. Andererseits sind die gerade am Wochenende oftmals unbarmherzigen Türsteher vor 22 Uhr meist noch gnädig. In den meisten (Night-)Clubs besteht eine strenge Kleiderordnung – es gilt die Devise: »No Shorts, T-Shirts and Sneakers (Turnschuhe)!« Ohne lange Hosen, Hemden und geschlossene Schuhe also kein Einlass! Dies gilt vor allem auch für die oftmals sehr schicken (Cocktail-)Bars.

Weniger formell gibt man sich in den meisten Pubs, die als Dreh- und Angelpunkt des sozialen Lebens zu Sydney gehören wie das Opera House. Am beliebtesten sind die *brewery pubs,* in denen hausgebrauter Gerstensaft gezapft wird. Bier wird übrigens meistens in *middies* (Gläser zu 0,284 l) oder den größeren *schooners* (0,426 l) über den Tresen gereicht. Noch ein Tipp: Während der *happy hour* (meist 18–20 Uhr) heißt es oft »Pay one, get two!«.

Programminfos

Die Szene ist ständig in Bewegung – über Nacht kann out sein, was gestern noch hip war. Einschlägige Adressen finden sich in den Stadtzeitungen »Beat« und »On the Street« sowie in den Broschüren »What's on in Sydney«, »Where Magazine« und »After Dark«, die in Hotels, Restaurants, Cafés und Läden kostenlos ausliegen. Einen sehr guten Überblick darüber, was gerade en vogue ist, bieten auch die detaillierten Veranstaltungskalender im »Daily Telegraph« (mittwochs) und im »Sydney Morning Herald« (freitags). Veranstaltungskalender findet man im Internet unter www.liveguide.com.au und www.sydneypubguide.net.

Kulturelle Unterhaltung
In Sydney wird jeden Tag und jede Nacht Kultur gemacht – in Dutzenden von Theatern und Galerien sowie in architektonisch ansprechenden Kunst- und Kulturzentren. Termine, Programme, Kritiken und Berichte zu aktuellen kulturellen Ereignissen, Veranstaltungen und Ausstellungen findet man in »Metro«, der umfangreichen Kulturbeilage in der Freitagsausgabe des »Sydney Morning Herald«.

Kartenvorverkauf
Für bedeutende kulturelle Veranstaltungen sollte man sich unbedingt rechtzeitig bei einer der großen Vorverkaufsstellen um ein Ticket bemühen:
Ticketek: ▶ C 5, 50 Park St., City; und Theatre Royal, 108 King St., City, Tel. 02 13 28 49, www.ticketek.com.au, Mo–Fr 9–17, Sa 10–14 Uhr.
Ticketmaster: ▶ C 5, 69 Elizabeth St., City, Tel. 02 13 61 00, www.ticketmaster.com.au, Mo–Fr 9–18, Sa 9–16, So 10–14 Uhr.

Die Agenturen nehmen Kreditkarten-Buchungen entgegen. Die Tickets kann man persönlich abholen, sich zuschicken lassen oder direkt an der Abendkasse entgegennehmen. Auch Buchungen aus Übersee sind möglich.

Bars und Kneipen

120 Biersorten im Angebot – **Australian Hotel:** ■ aA 3, s. S. 33.

Traditionsreicher Kultort – **Bar Coluzzi:** ■ E 6/7, 322 Victoria St., Darlinghurst, Tel. 02 93 80 54 20, Bus: 311, 333, 350, tgl. 4.45–19.30 Uhr. Das winzige Café am berühmten ›Cappuccino Strip‹ ist seit Jahren der Ort, wo man die Flyer für die Nacht sammelt und, wenn man Glück hat, auch das Date dazu. Ab den frühen Morgenstunden tanken hier Nachtschwärmer und Schichtarbeiter aus der Medien- oder Entertainmentbranche jede Menge Kaffee, um die Lebensgeister wieder zurückzuholen.

In Tuchfühlung mit den Wolken – **Blu Bar on 36:** ■ C 4, 176 Cumberland St., The Rocks, Tel. 02 92 50 60 00, Bus: 431–434, tgl. 17–1 Uhr. Hippe Cocktailbar im 36. Stock des Shangri-La Hotel. Der Blick über Hafen und City ist atemberaubend – die Getränkepreise sind es auch. »Bessere« Kleidung ist hier selbstverständlich.

Beliebt bei Business People – **Brooklyn Hotel:** ■ C 4, 225 George St./Ecke Grosvenor St., City, Tel. 02 92 47 67 44, www.brooklynhotel.com.au, Bahn: City Circle bis Wynyard, tgl. 11–23 Uhr. Der Lärm, der freitags ab 18 Uhr von diesem Kneipen-Restaurant ausgeht, übertönt den Geräuschpegel des tosenden Straßenverkehrs.

Ungewöhnlicher Kellerclub – **Crystal Bar:** ■ C 5, GPO Building, Martin Place, City, Tel. 02 92 29 77 99, www.gposydney.com, Bahn: City Circle bis Wynyard, Mi–Fr 16.30–Ende offen, Sa 20.30–2 Uhr. Im Stil Pariser Bars des 19. Jh. gestalteter Kellerclub im Untergeschoss des General Post Office. Wo ein

Ausgehen

Jahrhundert lang flinke Hände Briefe sortierten, genießen heute Leute aus dem Central Business District ihren Feierabend bei Cocktails und Bier. Samstagsabends wird Kabarett geboten.

Wo Bierkultur zelebriert wird – **Glenmore Hotel:** ■ **aA 3,** s. S. 33.

Szene-Treff von Aussies – **Green Park Hotel:** ■ **E 7,** 360 Victoria St., Darlinghurst, Tel. 02 93 80 53 11, www.greenparkhotel.com.au, Bus: 311, 333, 350, Mo–Sa 10–2, So 12–24 Uhr. Hier hocken Punks neben Börsenbrokern, alte Männer neben jungen Mädels, aber kaum Touristen, obwohl ein Schild an der Tür alle willkommen heißt – ausgenommen Kängurus, Emus und alkoholdurstige Jugendliche unter 18 Jahren. Gemütliche Pub-Atmosphäre: Bier, Beef, Burger und tief fliegende Dartpfeile.

Geschichtsträchtiger Ort – **Hero of Waterloo Hotel:** ■ **aA 2,** s. S. 33.

Sehen und gesehen werden – **Hugos Bar Pizza:** ■ **E 6,** 33 Bayswater Rd., Kings Cross, Tel. 02 93 32 12 27, www.hugos.com.au, Bus: 311, 333, 350, tgl. 17–2 Uhr. Eine der angesagtesten Bars in »The Cross«. Ab dem frühen Abend drängeln sich hier die Jungen, Schönen und anderes Trendvolk, um zu sehen, gesehen zu werden und zwischendurch eine gute Pizza (18–28 A-$) zu essen.

Große Bierauswahl – **Jacksons on George:** ■ **C 4,** 176 George St., City, Tel. 02 92 47 27 27, www.jacksonsongeorge.com.au, Bahn: City Circle bis Circular Quay, tgl. 9–24 Uhr. In diesem *watering hole* für Banker und Broker gibt es 120 Biere aus 32 Ländern, zwölf davon fließen aus Zapfhähnen. Außer zur Rushhour kann man hier auch schön draußen sitzen.

Älteste Kneipe Sydneys – **Lord Nelson Hotel:** ■ **B 4,** s. S. 32.

Für Nostalgiker – **Madame Fling Flongs:** ■ **westl. A 9,** Level 1, 169 King St., Newtown, Tel. 02 95 65 24 71, www.madameflingflong.com.au, Bus: 422, 423, 426, 428, tgl. 17–24 Uhr. In dieser heimeligen Lounge im Retro-Stil mit viel Alte-Welt-Charme fühlt man sich ins 19. Jh. versetzt.

Viktorianisches Prunkstück – **Marble Bar:** ■ **C 6,** s. S. 57.

Authentisch – **Observer Hotel:** ■ **aB 2,** s. S. 34.

Kneipe mit Geschichte – **Pumphouse Tavern Brewery:** ■ **B 7,** 17 Little Pier St., Darling Harbour, Tel. 02 82 17 41 00, www.pumphousebar.com.au, Bahn: Monorail bis Haymarket, tgl. 12–23 Uhr. Origineller Pub in einer ehemaligen Pumpstation von 1891, in dem hausgebrautes Bier gezapft wird, mit Biergarten.

Kunst- und Biergenuss – **The Art-House Hotel:** ■ **C 6,** 275 Pitt St., City, Tel. 02 92 84 12 00, www.thearthouse hotel.com.au, Bahn: City Circle bis St. James, Mo–Do 11–1, Fr, Sa 11–3 Uhr. Das 1836 erbaute Pub-Hotel mit Restaurant, Bistro, Lounge und Bar ist ein Forum für junge australische Maler und Fotografen, die hier ihre Werke präsentieren.

Sydneys beste Comedy-Bühne – **The Fringe Bar:** ■ **E 7/8,** 102 Oxford St., Paddington, Tel. 02 93 60 54 43, www.thefringe.com.au, Bus: 333, 380, L82 ab Circular Quay, 378 ab Central Station, tgl. 18–1 Uhr, Tickets 20–40 A-$. Jeden Montagabend verwandelt sich dieses Pub-Bistro, eine der besten Bühnen der

Stadt für anspruchsvolle Comedy Shows, in einen »Käfig voller Narren«.

Elegante Bar im Retro-Look – **The Victoria Room:** ■ **E 7,** Level 1, 235 Victoria St., Darlinghurst, Tel. 02 93 57 44 88, www.thevictoriaroom.com, Bus: 311, 378, 380, Di–Do 18–24, Fr, Sa 18–2, So 13–24 Uhr. Im 1920er-Jahre-Shanghai-Stil eingerichtete promi- und promillelastige Bar. Das museale Inventar und die Atmosphäre erinnern an Szenen aus Romanen von Graham Greene.

Zum Drinnen- und Draußensitzen – **The Watershed Hotel:** ■ **B 6,** 198 Harbourside Promenade, Darling Harbour, Tel. 02 92 82 94 44, www.thewatershedhotel.com.au, Bahn: Monorail bis Harbourside, tgl. 12–1 Uhr. Mischung aus Bar und Bistro, sehr schön zum Draußensitzen in Sommernächten mit einem überwältigenden Blick auf das Lichtermeer der City.

Diskotheken

Für Techno-Freaks und Raver – **DCM:** ■ **D 7,** 33 Oxford St., Darlinghurst, Tel. 02 92 67 73 80, Bus: 333, 380, L82 ab Circular Quay, 378 ab Central Station, Mo–Do 20–2, Fr–So 20 Uhr ›'til late‹. In dem angesagten Techno-Tempel raven Girls in nabelfreien Shirts, Boys mit Hip-Hop-Mützen und anderes Trendvolk auf dem Dancefloor zum perfekt gemischten Sound. Am frühen Abend ist der Laden wie ausgestorben, doch ab 23 Uhr geht die Post ab. Liberale Türpolitik!

Multi-Entertainment-Center – **Establishment:** ■ **C 4/5,** 252 George St., City, Tel. 02 92 40 30 00, www.merivale. com.au, Bahn: City Circle bis Wynyard, tgl. 12–15, 17–1 Uhr. Unter einem Dach findet sich hier für fast jeden Geschmack die passende Lounge oder die geeignete Bar. Zu dem Unterhaltungszentrum gehört auch ein auf ›moderne australische Küche‹ spezialisiertes Gourmet-Restaurant. Im angeschlossenen Tank Nightclub kann man die Kalorien wieder abtanzen.

Mega-Disco – **Home:** ■ **B 6,** 101 Cockle Bay Wharf, Sussex St., Darling Park, Tel. 02 92 66 06 00, www.home sydney.com, Bahn: Haltestelle Wynyard, Fr–So 22.30–4 Uhr. Einer der angesagtesten und größten Clubs der Stadt mit DJs und Livemusik – hip und immer knackevoll. In dem Riesentanztempel drängeln sich auf mehreren Ebenen Twens und Thirtysomethings, die hier zu TripHop, House, Dub und Jazzgrooves abtanzen.

Makabres Ambiente – **Kinselas:** ■ **D 7,** 383 Bourke St., Taylor Square, Darlinghurst, Tel. 02 93 31 31 00, www.kinselas.com.au, Bus: 333, 380, L82 ab Circular Quay, 378 ab Central Station, Mo–Do, So 19–1, Fr, Sa 20–4 Uhr. Hier zeigt sich der Sinn der Aussies fürs Makabre: ein Szeneclub in einem ehemaligen Beerdigungsinstitut. Diniert wird in der einstigen Leichenhalle, einen Stock höher gibt es in der Crown Lounge Cocktails und Cabaret. Und auch tanzen kann man in dem dreistöckigen Vergnügungstempel, der seit 20 Jahren eine feste Größe in Sydneys Nightlife ist.

Trendclub – **Lady Lux:** ■ **E 6,** 2A Roslyn St., Kings Cross, Tel. 02 93 61 50 00, www.ladylux.com.au, Bus: 311, 378, 380, Fr–So 21–4 Uhr. Kleiner Club mit großartigen DJs und niveauvollem Publikum. Hier legt man meist schwarze Rhythmen auf: Soul, Funk und groovigen Underground House.

Kino

Künstlerisch wertvolle Streifen aus aller Welt für Filmenthusiasten zeigt das **Academy Twin Cinema,** ■ **D 7,** 3A Oxford St., Paddington, Tel. 02 93 61 44 53, Bus: 333, 380, L82 ab Circular Quay, 378 ab Central Station. Der **Hayden Orpheum Picture Palace,** ■ **nördl. E 1,** 380 Military Rd., Cremorne, Tel. 02 99 08 43 44, www.orpheum.com.au, Bus: 243, 245, Sydneys vielleicht schönstes Lichtspielhaus, entführt die Besucher in alte Zeiten: In einem wunderschönen Art déco-Interieur spielt bei vielen Vorstellungen ein Organist auf einer original Wurlitzer die Begleitmusik. Anspruchsvolle Filmkunst jenseits des Mainstreams präsentiert das **Chauvel Cinema** bei der Paddington Town Hall, ■ **E 8,** Oxford St./Ecke Oatley Rd., Paddington, Tel. 02 93 61 53 98, www.chauvelcinema.net.au, Bus: 333, 380, L82 ab Circular Quay, 378 ab Central Station. Echtes Event-Kino findet von Januar bis März statt, wenn auf der riesigen Leinwand eines Freiluftkinos in den **Royal Botanic Gardens** vor dem Panorama des Sydney Harbour Filmhits aus aller Welt gezeigt werden: ■ **E 4,** Fleet Steps, Mrs. Macquaries Point, www.stgeorgeopenair.com.au, Bus 200, 441 und Sydney Explorer).

Ungewöhnliche Lokalität – **Minc Lounge:** ■ **C 5,** 365 George St./Ecke King St., City, Tel. 02 82 35 13 33, Bahn: City Circle bis Circular Quay, So–Do 18–1, Fr, Sa 18–3 Uhr. Nightclub und Lounge in den Tresorräumen einer ehemaligen Bank, viel Edelstahl und coole Atmosphäre sowie Soul, Funk, Dancefloor Jazz und Electronics.

Hotspot für Szeneasten – **Ruby Rabbit:** ■ **D 7,** 231 Oxford St., Darlinghurst, Tel. 02 93 26 00 44, www.rubyrabbit.com.au, Bus: 333, 380, L82 ab Circular Quay, 378 ab Central Station, Di–Sa 21–3 Uhr. Der neueste Kick: großer, bunt ausgeleuchteter Club mit exzellenten Sound- und Lichteffekten. Die DJs mischen Dancefloor-Musik von Hip-Hop, TripHop, Drum & Bass mit klassischer‹ Rockmusik und Rhythm'n'Blues.

Upper-Class-Treff – **Soho Bar:** ■ **E 6,** 171 Victoria St., Potts Point, Tel. 02 93 58 65 11, www.sohobar.com.au, Bus: 311, 333, 350, tgl. 22–3 Uhr. Obwohl schon etwas in die Jahre gekommen, ist die Soho Bar immer noch ein prätentiöser Stammclub von schicken Models und Promis, die sich hier auf enger Tuchfühlung preziös in Szene setzen. Gutes Essen, gute DJs, manchmal Livemusik, sehr exklusiv.

Livemusik

Für Rock-Fans – **Annandale Hotel:** ■ **westl. von A 8,** 17 Parramatta Rd., Annandale, Tel. 02 95 50 10 78, www.annandalehotel.com, Bus: 461, 480, 483, Mo–Do, So 11–24, Fr, Sa 11–3 Uhr. Wenn am Wochenende lokale Bands die hier versammelte Rockgemeinde in Verzückung versetzen, schlagen die (Bier-)Wellen hoch und das Gebäude wackelt in den Grundfesten.

Treffpunkt der Jazzfreunde – **Basement:** ■ **C 4,** 29 Reiby Place (Eingang 7 Macquarie Place), Circular Quay, City, Tel. 02 92 51 27 97, www.thebasement.com.au, Bahn: City Circle bis Circular Quay, tgl. 19–1 Uhr. In diesem alteingesessenen Jazzkeller mit entspannter Atmosphäre, in dem schon Dizzy Gillespie Trompete spielte, treten heute noch renommierte Ensembles aus Übersee auf. Spitzenjazz jeglicher Stilrichtung!

Jazz und Rock – **Beach Road Hotel:** ▪ **östl. von H 8,** 71 Beach Rd., Bondi Beach, Tel. 02 91 30 72 47, www.beachroadbondi.com.au, Bus: 333, 380, L82 ab Circular Quay, 378 ab Central Station, Mo–Do, So 11–24, Fr, Sa 11–2 Uhr. Hier tummelt sich die permanent braungebrannte Bondi-Beach-Fraktion ebenso wie die örtliche Bohème. Am Wochenende regelmäßig Jazz und Rock live.

Blues, Folk, Jazz – **Excelsior Hotel:** ▪ **C 8,** 64 Foveaux St., Surry Hills, Tel. 02 92 11 49 45, www.excelsiorhotel.com.au, Bus: 380, L82 ab Circular Quay, 311, 378 ab Central Station, Mo–Mi, So 19–1, Do–Sa 20–3 Uhr. Tgl. Livemusik von Blues bis Folk, dienstags wird gejazzt. Für den kleinen Hunger gibt es Pasta und Gegrilltes.

Funky – **Hopetoun Hotel:** ▪ **D 8,** 416 Bourke St., Surry Hills, Tel. 02 93 61 52 57, Bus: 380, L82 ab Circular Quay, 311, 378 ab Central Station, Mo–Do, So 11–1, Fr, Sa 11–3 Uhr. Die Bourke Street runter, bis viele Leute vor einem Haus stehen – und rein! Man landet in einem beliebten Treff für Freunde des guten alten Funk. Fast jeden Abend Livemusik.

Irish Folk Rock – **Mercantile Hotel:** ▪ **aB 2,** s. S. 34.

Das Wochenende gehört den Bands – **Orient Hotel:** ▪ **aB 3,** s. S. 32.

Es lebe der Rock – **Sandringham Hotel:** ▪ **westlich von A 9,** 387 King St., Newtown, Tel. 02 95 57 12 54, www.sando.com.au, Bus: 422, 423, 426, 428, Mo–Do, So 11–1, Fr, Sa 11–3 Uhr. Das Sandringham hat seit Jahren sein erfolgreiches Rezept nicht verändert: harte Rock-Musik, enge Tanzfläche, eiskaltes Bier. Wer Techno über hat und das Tanzbein schwingen will, ist hier an der richtigen Adresse.

Open-Air-Kino – vor der fantastischen Stadtkulisse Sydneys ein ganz besonderes Erlebnis

Jazz und Blues – **Strawberry Hills Hotel:** ■ **C 8,** 453 Elizabeth St., Surry Hills, Tel. 02 96 98 29 97, Bus: 380, L82 ab Circular Quay, 311, 378 ab Central Station, Mo–Do, So 11–24, Fr, Sa 11–2 Uhr. Hier wird vor allem am Wochenende Jazz und Blues mit experimentellen Unter- und Obertönen gespielt. Keine großen Namen (eher lokale Talente), aber das Niveau ist durchgehend hoch.

Oper und Ballett

Tänze der Ureinwohner – **Bangarra Dance Theatre:** ■ **aA 2,** Pier 4/5, Hickson Rd., Walsh Bay, Millers Point, Tel. 02 92 51 53 33, www.bangarra. com.au, Bus: 431–434, Tickets 40–60 A-$. Auf verschiedenen Bühnen präsentiert dieses Aboriginal-Tanztheater eine faszinierende Mischung aus traditionellen Tänzen der Ureinwohner und modernem Musical.

Avantgardistisches Tanztheater – **Sydney Dance Company:** ■ **aA 1,** Pier 4, Hickson Rd., Walsh Bay, Millers Point, Tel. 02 92 21 48 11, www.sydney dancecompany.com, Bus: 431–434, Tickets 50–150 A-$. Für Liebhaber innovativen Tanztheaters ist der Besuch einer Aufführung der Sydney Dance Company unter Leitung von Graeme Murphy ein Muss. Aufführungen finden auch im Sydney Opera House statt.

Mittelpunkt des kulturellen Lebens – **Sydney Opera House:** ■ **D 3,** Bennelong Point, Circular Quay East, City, Tel. 02 92 50 71 11, www.sydneyopera house.com, Bahn: City Circle bis Circular Quay, Tickets 30–300 A-$. Unter dem wohl berühmtesten Dach der Welt befinden sich insgesamt vier Bühnen. Hier hat die Australian Opera Company ihren Stammsitz, hier wird aber auch Sprechtheater, Kammermusik, Musical und Ballett geboten. Auskunft und Buchung auch direkt bei Australian Chamber Orchestra (Tel. 1800 44 44 44, www.aco.com.au); Australian Opera Company (Tel. 93 18 82 00, www.ope ra-australia.org.au); Sydney Symphony Orchestra (Tel. 82 15 46 00, www.syd neysymphony.com).

Schwul und lesbisch

Treffpunkt für Lesben – **Club 77:** ■ **D 6,** 77 William St., Kings Cross, Tel. 02 93 61 49 81, Bus: 311, 333, 350, Mo–Do, So 20–2, Fr, Sa 20–4 Uhr. Nach ei-

Unterhaltung gratis

Kostenlose Mittagskonzerte gibt es während der Woche in der Fußgängerzone **Martin Place** (▶ C 5). Zur Mittagszeit erklingen auch die Orgeln in der **Sydney Town Hall** und in der benachbarten **St. Andrews Cathedral** (▶ C 6) zu einem halbstündigen Konzert. Open-Air-Theatervorstellungen mit Straßenmusikanten, Gauklern und Zauberkünstlern (kleine Anerkennung wird erwartet) finden jeden Tag am **Circular Quay** (▶ C 4) und in **Darling Harbour** (▶ B 6) statt. Kostenlose Veranstaltungen auch sonn- und feiertags 11–16 Uhr an verschiedenen Plätzen in **The Rocks** (▶ Karte 2) und vor dem **Sydney Opera House** (▶ D 3) sowie während des **Sydney Festivals** im Januar. Besonders beliebt sind das »Australia Day Concert« und »Opera in the Park« in The Domain (▶ D 5).

genem Bekunden ein »Lesben-Club, der jede(n) willkommen heißt«. Wild gepiercte Mädchen und Lederboys tanzen hier zu Techno- und House-Rhythmen.

*Schrille Travestie-Shows – **Stonewall Hotel:** ■ D 7,* 175 Oxford St., Darlinghurst, Tel. 02 93 60 19 63, www.stonewallhotel.com, Bus: 333, 380, L82 ab Circular Quay, 378 ab Central Station, So–Do 19–2, Fr, Sa 19–3 Uhr. In der »Sydney's number one gay and lesbian venue« präsentieren fast jede Nacht hervorragende Travestiekünstler in wunderbaren Kostümen sehr schrille, extrovertierte Shows.

*Highlight der Gay-Szene – **The Midnight Shift Hotel:** ■ D 7,* 85 Oxford St., Darlinghurst, Tel. 02 93 60 43 19, www.themidnightshift.com, Bahn: City Circle bis Museum, So–Do 21–2, Fr, Sa 21–4 Uhr. Good vibrations bei 120 Dezibel Techno-Sound und Laser Light Show sowie viel Leder und Latex im Schwulen- und Lesben-Hotspot von Darlinghurst.

Theater und Musical

*Klassiker modern interpretiert – **Bell Shakespeare Company:** ■ aB 2,* 88 George St., The Rocks, Tel. 02 92 41 27 22, www.bellshakespeare.com.au, Bus: 431–434, Tickets 40–70 A-$. Der Schwerpunkt dieser Bühne mit wechselnden Aufführungsorten liegt auf experimentellen Neuinszenierungen von Werken des berühmtesten englischen Klassikers. Nicht selten verschmelzen Dichtung und Drama, Tanz und Musik.

*Experimentierfreudige Bühne – **Belvoir Street Theatre:** ■ C 8,* 25 Belvoir St., Surry Hills, Tel. 02 96 99 34 44, www.belvoir.com.au, Bus: 301–303, Tickets 35–60 A-$. Experimentierfreudige Bühne für freie Gruppen aus dem In- und Ausland. Vor allem die Adaptionen von Klassikern sind sehr innovativ.

*Weltbekannte Musicals – **Capitol Theatre:** ■ C 7,* 13 Campbell St., Haymarket, Tel. 02 93 20 50 00, www.capitoltheatre.com.au, Bus: 431, 433, Tickets 70–150 A-$. Das 1928 eröffnete und 1995 mit großem Aufwand renovierte Haus, das mit 2000 Zuschauern ausverkauft ist, ist eine renommierte Adresse für aufwendige Musical-Inszenierungen, meist Importe vom Broadway.

*Kühne Inszenierungen – **Stables Theatre:** ■ E 6/7,* 10 Nimrod St., Kings Cross, Tel. 02 80 02 47 72, www.griffintheatre.com.au, Bus: 311, 333, 350, Tickets 40–75 A-$. Das avantgardistische Theater präsentiert v. a. Stücke junger australischer Bühnenschriftsteller.

*Etablierte Bühne – **State Theatre:** ■ C 6/7,* 49 Market St., City, Tel. 02 93 73 66 55, www.statetheatre.com.au, Bahn: City Circle bis St. James, Tickets 50–150 A-$. 1929 als Lichtspielpalast eröffnet, ist dieses denkmalgeschützte Haus mit seinem barocken Interieur, mit seinen roten Teppichen und vergoldeten Decken, heute eine renommierte Bühne für eher konservative Theateraufführungen und Musicals sowie Mittelpunkt des alljährlichen Sydney Film Festivals.

*Mainstream-Theater – **Sydney Theatre Company:** ■ aA 1,* Pier 4, Hickson Rd., Walsh Bay, Tel. 02 92 50 17 00, www.sydneytheatre.com.au, Bus: 431–433 und Sydney Explorer, Tickets 60–80 A-$. Mainstream-Theater, das sich einem Programm-Mix aus zeitgenössischen australischen und ausländischen Dramen und ›Klassikern‹ verschrieben hat.

Allgemeines

Guten Morgen	good morning
Guten Tag	good afternoon
Guten Abend	good evening
Auf Wiedersehen	good bye
Entschuldigung	excuse me/sorry
Hallo/grüß dich	hello
bitte	please
gern geschehen	you're welcome
danke	thank you
ja/nein	yes/no
Wie bitte?	Pardon?
Wann?	When?
Wie?	How?

Unterwegs

Haltestelle	stop
Bus	bus
Auto	car
Ausfahrt/-gang	exit
Tankstelle	petrol station
Benzin	petrol
rechts	right
links	left
geradeaus	straight ahead/ straight on
Auskunft	information
Telefon	telephone
Postamt	post office
Bahnhof	railway station
Flughafen	airport
Stadtplan	city map
alle Richtungen	all directions
Einbahnstraße	one-way street
Eingang	entrance
geöffnet	open
geschlossen	closed
Kirche	church
Museum	museum
Strand	beach
Brücke	bridge
Platz	place/square
Schnellstraße	dual carriageway
Autobahn	motorway
einspurige Straße	single track road

Zeit

3 Uhr (morgens)	3 a.m.
15 Uhr (nachmittags)	3 p.m.
Stunde	hour
Tag/Woche	day/week
Monat	month
Jahr	year
heute	today
gestern	yesterday
morgen	tomorrow
morgens	in the morning
mittags	at noon
abends	in the evening
früh	early
spät	late
Montag	Monday
Dienstag	Tuesday
Mittwoch	Wednesday
Donnerstag	Thursday
Freitag	Friday
Samstag	Saturday
Sonntag	Sunday
Feiertag	public holiday
Winter	winter
Frühling	spring
Sommer	summer
Herbst	autumn

Notfall

Hilfe!	Help!
Polizei	police
Arzt	doctor
Zahnarzt	dentist
Apotheke	pharmacy
Krankenhaus	hospital
Unfall	accident
Schmerzen	pain
Panne	breakdown
Rettungswagen	ambulance
Notfall	emergency

Übernachten

Hotel	hotel
Pension	guesthouse
Einzelzimmer	single room
Doppelzimmer	double room
mit zwei Betten	with twin beds
mit/ohne Bad	with/without bathroom
mit WC	ensuite
Toilette	toilet
Dusche	shower

mit Frühstück	with breakfast
Halbpension	half board
Gepäck	luggage
Rechnung	bill

Einkaufen

Geschäft	shop
Markt	market
Kreditkarte	credit card
Geld	money
Geldautomat	cash machine
Bäckerei	bakery
Metzgerei	butchery
Lebensmittel	food
Drogerie	chemist's
teuer	expensive
billig	cheap
Größe	size
bezahlen	to pay

Zahlen

1	one	17	seventeen
2	two	18	eighteen
3	three	19	nineteen
4	four	20	twenty
5	five	21	twenty-one
6	six	30	thirty
7	seven	40	fourty
8	eight	50	fifty
9	nine	60	sixty
10	ten	70	seventy
11	eleven	80	eighty
12	twelve	90	ninety
13	thirteen	100	one hundred
14	fourteen	150	one hundred and fifty
15	fifteen		
16	sixteen	1000	a thousand

Die wichtigsten Sätze

Allgemeines
Sprechen Sie Deutsch? Do you speak German?
Ich verstehe nicht. I do not understand.
Ich spreche kein Englisch. I do not speak English.
Ich heiße … My name is …
Wie heißt Du/heißen Sie? What's your name?
Wie geht's? How are you?
Danke, gut. Thanks, fine.
Wie viel Uhr ist es? What's the time?
Bis bald (später). See you soon (later).

Unterwegs
Wie komme ich zu/nach …? How do I get to …?
Wo ist bitte … Sorry, where is …?
Könnten Sie mir bitte … zeigen? Could you please show me …?

Notfall
Können Sie mir bitte helfen? Could you please help me?
Ich brauche einen Arzt. I need a doctor.
Hier tut es weh. It hurts here.

Übernachten
Haben Sie ein freies Zimmer? Do you have any vacancies?
Wie viel kostet das Zimmer pro Nacht? How much is a room per night?
Ich habe ein Zimmer bestellt. I have booked a room.

Einkaufen
Wie viel kostet …? How much is …?
Ich brauche … I need …
Wann öffnet /schließt …? When does … open/… close?

Zubereitung

baked	im Ofen gebacken
broiled/grilled	gegrillt
deep fried	frittiert (meist paniert gebraten)
fried	in Fett gebacken, oft paniert
hot	scharf
rare/medium rare	blutig/rosa
steamed	gedämpft
stuffed	gefüllt
well done	durch

Frühstück

bacon	Schinken
boiled egg	hart gekochtes Ei
cereals	Getreideflocken
(Full) English Breakfast	englisches Frühstück
eggs (sunny side up/ over easy)	Spiegeleier (Eigelb nach oben/beidseitig)
jam	Marmelade (alle außer Orangenmarmelade)
marmalade	(ausschließlich) Orangenmarmelade
scrambled eggs	Rühreier

Fisch und Meeresfrüchte

bass	Barsch
clam chowder	Venusmuschelsuppe
cod	Kabeljau
crab	Krebs/Krabbe
flounder	Flunder
haddock	Schellfisch
halibut	Heilbutt
prawn	Garnele
lobster	Hummer
mussel	Miesmuschel
oyster	Auster
prawn	Riesengarnele
salmon	Lachs
scallop	Jakobsmuschel
shellfish	Schalentiere
shrimp	Krabbe
sole	Seezunge
swordfish	Schwertfisch
trout	Forelle
tuna	Thunfisch

Fleisch und Geflügel

beef	Rindfleisch
chicken	Hähnchen
cold cuts	Aufschnitt
drumstick	Hähnchenkeule
duck	Ente
beef minced meat	Hackfleisch vom Rind
ham	Schinken
meatloaf	Hackbraten
minced beef	Hackfleisch vom Rind
porc chop	Schweinekotelett
prime rib	Rinderbratenscheibe
roast goose	Gänsebraten
sausage	Würstchen
sirloin steak	Lendenstück vom Rind
spare ribs	Rippchen
turkey	Truthahn
veal	Kalbfleisch
venison	Reh bzw. Hirsch

Gemüse und Beilagen

bean	Bohne
cabbage	Kohl
carrot	Karotte
cauliflower	Blumenkohl
cucumber	Gurke
aubergine	Aubergine
chips	Pommes frites
garlic	Knoblauch
lentil	Linse
lettuce	Kopfsalat
mushroom	Pilz
pepper	Paprikaschote
peas	Erbsen
potato	Kartoffel
fried potatoes	Bratkartoffeln
squash/pumpkin	Kürbis
sweet corn	Mais
onion	Zwiebel
pickle	Essiggurke

Obst

apricot	Aprikose
blackberry	Brombeere
cherry	Kirsche
fig	Feige
grape	Weintraube

lemon	Zitrone
melon	Honigmelone
orange	Orange
peach	Pfirsich
pear	Birne
pineapple	Ananas
plum	Pflaume
raspberry	Himbeere
rhubarb	Rhabarber
strawberry	Erdbeere

Käse

cheddar	kräftiger Käse
cottage cheese	Hüttenkäse
goat's cheese	Ziegenkäse
curd	Quark

Nachspeisen und Gebäck

brownie	Schokoplätzchen
cinnamon roll	Zimtschnecke
french toast	Toast in Ei gebacken
maple sirup	Ahornsirup
muffin	Rührteiggebäck
pancake	Pfannkuchen

pastries	Gebäck
sundae	Eisbecher
waffle	Waffel
whipped cream	Schlagsahne

Getränke

beer (on tap/draught)	Bier (vom Fass)
brandy	Kognac
coffee	Kaffee
(decaffeinated/decaf)	(entkoffeiniert)
lemonade	Limonade
icecube	Eiswürfel
iced tea	gekühlter Tee
juice	Saft
light beer	alkoholarmes Bier
liquor	Spirituosen
milk	Milch
mineral water	Mineralwasser
red/white wine	Rot-/Weißwein
shandy	Alsterwasser/Radler
soda water	Selterswasser
sparkling wine	Sekt
tea	Tee

Im Restaurant

Ich möchte einen Tisch reservieren. I would like to book a table.
Bitte warten Sie, bis Ihnen ein Tisch zugewiesen wird. Please wait to be seated.
Essen nach Belieben zum Einheitspreis All you can eat
Die Speisekarte/Weinkarte, bitte The menu/wine list, please
Die Rechnung, bitte The bill, please
Frühstück breakfast
Mittagessen lunch
Abendessen dinner
Vorspeise appetizer/starter
Suppe soup
Hauptgericht main course
Nachspeise dessert
Beilagen side dishes
Tagesgericht meal of the day
Gedeck cover
Messer knife
Gabel fork
Löffel spoon
Glas glass
Flasche bottle
Salz/Pfeffer salt/pepper
Zucker/Süßstoff sugar/sweetener
Kellner/Kellnerin waiter/waitress
Trinkgeld tip
Wo sind die Toiletten? Where are the toilets, please?

Register

Register

Register

atmosfair
Das Klima im Blick

Reisen bereichert und verbindet Menschen und Kulturen. Wer reist, erzeugt auch CO_2. Der Flugverkehr trägt mit bis zu 10 % zur globalen Erwärmung bei. Wer das Klima schützen will, sollte sich – wenn möglich – für eine schonendere Reiseform entscheiden oder die Projekte von *atmosfair* unterstützen. Flugpassagiere spenden einen kilometerabhängigen Beitrag für die von ihnen verursachten Emissionen und finanzieren damit Projekte in Entwicklungsländern, die dort den Ausstoß von Klimagasen verringern helfen *(www.atmosfair.de)*. Auch der DuMont Reiseverlag fliegt mit *atmosfair!*

Autor | Abbildungsnachweis | Impressum

Unterwegs mit Roland Dusik
Seit über 20 Jahren arbeitet Roland Dusik als Journalist, Buchautor und Fotograf, versteht sich zuallererst aber als wissbegieriger Reisender und ›Entdecker‹. So entdeckt er auch in Sydney bei regelmäßigen Besuchen immer wieder Neues: ein verstecktes Boutiquehotel im In-Viertel Paddington, einen bei australischen Studenten beliebten Szene-Treff mit Livemusik oder ein nur den *locals* bekanntes kleines Seafood-Lokal. Am meisten beeindruckt ihn an Sydney die weltoffene Atmosphäre und die Gelassenheit der Einheimischen, die das Leben leicht und sich selbst nicht so ernst nehmen.

Hinweis: Autor und Verlag haben alle Informationen mit größtmöglicher Sorgfalt geprüft. Gleichwohl sind Fehler nicht vollständig auszuschließen. Alle Angaben erfolgen ohne Gewähr. Bitte schreiben Sie uns! Über Ihre Rückmeldung zum Buch und Verbesserungsvorschläge freuen sich Autor und Verlag:
DuMont Reiseverlag, Postfach 3151, 73751 Ostfildern,
info@dumontreise.de, www.dumontreise.de

1. Auflage 2011
© DuMont Reiseverlag, Ostfildern
Alle Rechte vorbehalten
Redaktion/Lektorat: Inga Menkhoff
Grafisches Konzept: Groschwitz/Blachnierek, Hamburg
Printed in Germany